新时代高校统战工作
实践探赜

中国高等教育学会统战工作研究分会秘书处　编

兰州大学出版社
LANZHOU UNIVERSITY PRESS

图书在版编目（ＣＩＰ）数据

新时代高校统战工作实践探赜 / 中国高等教育学会统战工作研究分会秘书处编. -- 兰州 ：兰州大学出版社，2024.8

ISBN 978-7-311-06650-5

Ⅰ. ①新… Ⅱ. ①中… Ⅲ. ①高等学校－统一战线工作－中国－文集 Ⅳ. ①D613-53

中国国家版本馆 CIP 数据核字(2024)第 028958 号

责任编辑　熊　芳
封面设计　汪如祥

书　　名　新时代高校统战工作实践探赜
作　　者　中国高等教育学会统战工作研究分会秘书处　编
出版发行　兰州大学出版社 （地址:兰州市天水南路222号　730000）
电　　话　0931-8912613(总编办公室)　0931-8617156(营销中心)
网　　址　http://press.lzu.edu.cn
电子信箱　press@lzu.edu.cn
印　　刷　甘肃发展印刷公司
开　　本　710 mm×1020 mm　1/16
印　　张　11
字　　数　203千
版　　次　2024年8月第1版
印　　次　2024年8月第1次印刷
书　　号　ISBN 978-7-311-06650-5
定　　价　58.00元

前　言

党的二十大报告指出："人心是最大的政治，统一战线是凝聚人心、汇聚力量的强大法宝。"高校统一战线历来是党的统一战线的重要组成部分，是展示统一战线法宝作用的重要窗口。进入新时代，以习近平同志为核心的党中央始终从全局和战略高度重视统战工作，先后召开一系列重要会议，出台有关重要法规文件，对统战工作作出一系列重大决策部署，推动包括高校统战工作在内的各领域统战工作取得历史性成就，统一战线呈现出团结、奋进、开拓、活跃的良好局面。

中国高等教育学会统战工作研究分会就是在党的统战工作继往开来、守正创新的背景下成立的。为了深入学习宣传贯彻落实习近平总书记关于做好新时代党的统一战线工作的重要思想，切实解决"高校统一战线工作研究不统一"的问题，中央统战部、教育部和中国高等教育学会统筹指导，由兰州大学发起于2019年12月13日在兰州成立了中国高等教育学会统战工作研究分会。中国高等教育学会会长杜玉波在成立大会致辞中用"初心之需""使命之需""事业之需"指出了成立统战工作研究分会的价值和意义。按照上级部门的部署安排，中国高等教育学会统战工作研究分会充分认识"责之重者"，自觉融入中国高等教育学会战略规划，用时代使命激发内驱力，用标杆标准强化执行力，用精微服务提升凝聚力，在短短四年时间里，已发展会员300家，立项"高校统战工作研究"课题140项，2021年至2023年连续被中国高等教育学会评为"优秀分支机构"，为新时代高校统战工作高质量发展作出了积极贡献。

此次编辑出版的《新时代高校统战工作实践探赜》一书是中国高等教育学会统战工作研究分会推动全国高校统战工作共享、共鉴、共荣、共促的又一成果。2022年，为迎接党的二十大胜利召开、系统总结党的十八大以来高校统战工作重要进展和实践经验，教育部思政司向有关高校发出了案例征集的通知。这些征集到的案例经过遴选后，以"喜迎党的二十大·统战工作巡礼"系列报道的形式在《中国统一战线》杂志刊发后，引发了热烈反响。有鉴于此，教育部思政司于2023年委托中国高等教育学会统战工作研究分会秘书处进一步开展了新时代高校统战工作实践案例的征集活动，此次案例征集活动得到了统战工作研究分会理事单位的大力支持，共征集到案例37篇，内容涵盖坚持和完善党对高校统战工作的领导、构建高校大统战工作格局、加强党外知识分子思想政治引领和党外代表人士队伍建设、铸牢中华民族共同体意识、做好网络统战工作等方面，可以说代表了目前高校统战工作的最新实践成果。这些凝结着广大高校统战工作者心血和汗水的案例结集出版，必将为兄弟院校做好统战工作提供重要的参考，为推动全国高校统战工作在新形势新条件下知变应变、提质增效提供有益借鉴。

新时代新征程，我们比历史上任何时期都更接近、更有信心和能力实现中华民族伟大复兴的目标。越是接近目标，越是形势复杂，越是任务艰巨，越需要广泛凝心聚力，越需要各方面勠力同心。高校统一战线人才荟萃、智力密集、海外联系广、社会影响力大，在巩固和发展各民族大团结、全国人民大团结、全体中华儿女大团结中发挥着重要的风向标作用。只要我们坚持好、维护好、彰显好、落实好党对高校统战工作的全面领导，坚持理论和实践相结合，坚持守正和创新相统一，着力围绕中心、服务大局、凝心聚力、团结奋斗，高校统战工作就一定能够源源不断为强国建设、民族复兴做出新的更大贡献。

中国高等教育学会统战工作研究分会秘书处

目 录

加强党对统战工作的全面领导

加强党的领导　砥砺担当作为　奋力开创学校统战工作新局面

中国农业大学　姜沛民 / 003

巩固大统战工作格局　凝聚团结奋斗力量　推动学校统一战线事业再上
新的台阶

吉林大学　罗爽　迟铁 / 007

构建"五心四体六抓实"工作体系　推进新时代高校统战工作高质量发展

浙江大学　叶恭银 / 011

凝心聚力　团结奋斗　推进新时代高校统战工作高质量发展

厦门大学　孙理　黄乐 / 016

着力"四个推动"筑牢高校统战工作根基

武汉大学　郭建中 / 021

坚持守正创新　凝聚奋进力量　推动高校统一战线工作再上新台阶

中南大学　易红 / 025

强化政治引领　推动高校统战工作开新局

中山大学　陈春声 / 029

团结汇聚学校统战力量　同心筑基民族复兴伟业

四川大学　李喜庆　岳华　郭军 / 033

政治引领　守正创新　扎实做好新时代高校统战工作

西北农林科技大学　王文博　冯来顺　康乐 / 038

提升统战工作科学化规范化制度化水平

加强信息化系统建设　赋能新时代学校统战工作

北京师范大学　廖英　孙秋瑞　段宇宣 / 045

运用好"六个必须坚持"立场观点方法　着力构建高校大统战工作格局

天津大学　张俊艳　王莹　刘涛 / 049

建立五大体系　加强统战理论研究

——复旦大学整合力量服务统战理论创新的探索与实践

复旦大学　肖存良 / 054

加强领导　广泛动员　扎实做好高校统战调研工作

上海交通大学　刘自勋 / 059

抓好"三个关键"　切实发挥网络统战工作主渠道主引擎主阵地作用

湖南大学　彭嘉芬　李佳 / 063

完善大统战工作格局　推动落实统战工作责任制

华南理工大学　王丹平　董力瑞　彭淼 / 066

着力构建统战工作目标体系　有效彰显统战法宝强大作用

兰州大学　王兴东 / 070

加强统战工作制度化建设的实践与探索

郑州大学　耿云亮 / 075

加强党外知识分子思想政治引领和党外代表人士队伍建设

牢牢把握"三个着力点"　加强党外代表人士队伍建设

大连理工大学　刘洁　陶杰　杨光 / 083

强化"多重引领"　厚植党外知识分子爱国情怀和报国担当

东北大学　韩斌　李国华　丛林 / 087

深耕党外代表人士成长沃土　厚植"同济天下"报国情怀

同济大学　方守恩 / 091

突出思想引领　聚焦队伍建设　扎实推进高校党外知识分子工作

东南大学　冯建明　李黎蓉　魏彬 / 095

坚持"五个注重"　强化思想引领　为建设卓越华中科技大学凝聚智慧与力量

华中科技大学　李元元 / 099

聚天下英才　走卓越之路　开创新时代高校党外知识分子工作新局面

哈尔滨工业大学　熊四皓 / 103

坚持"三个结合"　强化党外知识分子统战工作

北京理工大学　张军 / 107

强化政治引领　激发奋进力量　做好新时代高校党外知识分子工作

西北工业大学　肖静　曹刚 / 111

"搭架子""引路子""压担子""扶梯子"　推进实施党外代表人士队伍建设
"1421"工程

中国科学技术大学　舒歌群 / 115

做好留学人员和港澳台侨海外统战工作

以"书记下午茶"为载体　提升归国留学人员思想引领实效

上海财经大学　周杰普　曹姝　李铭伟 / 121

聚焦"四个着力" 助力留学归国学者"再创佳绩""争做表率"

南京大学 王建富 施国卿 / 125

多措并举加强学校海外统一战线工作

西南交通大学 夏小童 彭晶晶 赵浩森 / 129

弘扬留学报国光荣传统 激励留学归国人员爱国奋斗建功立业

西安交通大学 张定红 悦中山 王遵伍 / 132

做好新时代新征程统战工作 擦亮"百年侨校"金字招牌

暨南大学 庄汉文 / 136

"三聚焦"谱写新时代侨校统战工作新篇章

华侨大学 谢俊荣 刘杰 / 140

铸牢中华民族共同体意识

以学生社团为载体 多措并举铸牢中华民族共同体意识

华东师范大学 章平 李燕 余卉 / 147

坚持"四个聚焦" 深耕"石榴红"新模式 铸牢中华民族共同体意识

陕西师范大学 辛峰 耿莹 郑玉霞 / 151

在有形有感有效上用力 铸牢中华民族共同体意识

南京航空航天大学 单冠贤 李西娟 / 156

深化新时代高校民族团结进步教育 铸牢中华民族共同体意识

中南民族大学 邓俊熙 梁潇潇 金星 / 161

有形有感有效铸牢中华民族共同体意识

昌吉学院 罗旭 / 165

加强党对统战工作的全面领导

加强党的领导　砥砺担当作为
奋力开创学校统战工作新局面

　　高校是知识分子汇集的高地，是统一战线凝心聚力的重要阵地。中国农业大学党外知识分子数量多、影响大，是学校人才培养、科学研究、文化传承、社会服务、国际交流的一支重要力量。学校党委坚持以习近平新时代中国特色社会主义思想为指导，深入领会习近平总书记关于做好新时代党的统一战线工作的重要思想，认真落实党中央关于统战工作的重大决策部署，不断加强党领导下的高校大统战工作格局建设，画好最大同心圆，围绕凝聚人心、凝聚共识、凝聚智慧、凝聚力量做了大量的工作，取得了一些成效。

2021年12月,中国农业大学召开民主党派、
统战系统组织负责人和党外代表人士座谈会

一、加强理论武装，夯实统一战线政治基础

一是坚持把学习贯彻习近平新时代中国特色社会主义思想作为学校统一战线首要政治任务抓紧抓实。学校党委常委会和党委理论学习中心组带头学习习近平新时代中国特色社会主义思想和习近平总书记关于做好新时代党的统一战线工作的重要思想；学校统一战线工作领导小组成员和民族宗教工作领导小组成员定期组织专题培训，党委统战部深入基层开展巡回宣讲。为加强党外知识分子理论武装，连续组织"党外知识分子学习贯彻习近平新时代中国特色社会主义思想和十九大精神专题研讨班"，我亲自作开班动员报告。近两年，组织开展的党外知识分子骨干网络培训班、红色实践锻炼累计参加人数93人次。通过日积月累的学习实践，不断夯实学校统一战线共同思想基础，新时代高校统战工作的法宝作用更加深入人心。

二是结合学校实际学习贯彻落实《中国共产党统一战线工作条例》。2020年新修订的《中国共产党统一战线工作条例》（以下简称《条例》）颁布以来，学校党委第一时间开展研讨，各级党组织及时跟进学习，统战成员积极参加辅导报告和专题培训。2021年学校党委开展落实《条例》的专项自查工作。对标《条例》，确立了"加强党外知识分子思想政治引领、加强党外代表人士培养、开展好民族团结、坚决做好抵御利用宗教对高校进行渗透和防范校园传教活动"等八个方面的工作重点，完善了学校统战工作的新布局，统战工作的着力点更加精准。

三是不断强化学校统一战线的政治功能。学校党委制定了校院两级党员领导干部联系党外知识分子制度。我带头落实"三个带头"的要求，全校111位党员领导干部主动与272位统战成员交朋友，通过日日做功实现久久为功。党委统战部在支持各民主党派基层组织建设中突出政治要求，引导各民主党派组织负责人和骨干不断提升政治能力，帮助民主党派组织完成好政治交接。以开展民族宗教政策宣传教育为抓手，坚持教育引导和管理服务相结合，设立少数民族学生"石榴工作室"，开展对少数民族学生的学业帮扶、就业帮扶。同时，坚决依法依规，管好统一战线意识形态阵地，维护校园和谐稳定。

二、坚持党的全面领导，构建大统战工作格局

一是加强组织领导，切实落实主体责任。学校党委坚持把统战工作摆在重要位置，纳入党委常委会议事内容和重要议事日程，每年专题研究部署统战工作，协调解决重大问题，落实相关保障要求，我作为统战工作第一负责人亲自

研究部署，亲自推动解决重要问题。学校成立统战工作领导小组（港澳台侨工作领导小组）和民族宗教工作领导小组，完善议事机制，加强领导小组的内部管理和协调。各二级党组织负责人负责本单位统战工作的具体落实，构建学校党委、领导小组、二级党组织的三级组织模式，保证了统战工作的全覆盖，提升了统战工作的协同力。

二是强化制度保障，确保工作规范有序。学校先后制定了《统战组织和代表人士意见建议反馈制度》《加强和改进新时代统一战线工作实施意见》《代表人士队伍建设规划》《二级党组织统战委员职责》等9个文件，同时在《二级党组织工作规程》《二级党组织党建任务清单》等党内文件中明确统战工作要求，使统战工作的制度化、规范化进一步加强。2019年开始，将统战工作纳入校内巡视、督查，纳入二级党组织抓党建述职考核中，强化了统战工作的约束力。

三是完善学校统战工作机制建设，促进工作常态长效。学校党委根据新时代统战工作的要求，以强化党外知识分子政治引领为主线，加强党外知识分子代表人士队伍建设为重点，从健全和落实知识分子工作机制、健全和落实同党外人士联谊交友机制、健全和落实征求党外代表人士意见机制、健全和落实传达重要文件和邀请参加重要会议机制、健全和落实支持党外人士发挥作用机制、健全和落实各民族学生交往交流交融工作机制等六个方面完善了新时代学校统战工作机制建设，提高了统战工作的推动力。

三、聚力守正创新，全面推动学校统战工作高质量发展

一是坚持以"三大工程"为抓手，创新党外知识分子工作新模式。学校党委紧跟国家和学校事业发展需要，紧贴党外知识分子成长成才需要，开拓工作思路，打造统战工作新模式。以"同心圆工程"加强党外知识分子思想政治引领，以"心桥工程"聚焦党外知识分子服务发展和实践锻炼，以"党外代表人士队伍建设工程"吸纳和汇聚人才。经过17年的实践探索，创新了党外知识分子思想政治工作的新模式，服务社会的新平台，发现、培养、使用党外人才的新路径，学校统战工作"三大工程"相辅相成，形成较为完整的党外知识分子工作体系，建设了一支以武维华、孙其信、张福锁为代表的高素质党外代表人士队伍。2019年"三大工程"项目获得北京市党建与思想政治工作优秀成果。

二是完善政策保障，支持统战成员积极发挥作用。学校党委实施征求民主党派、无党派代表人士、侨台联负责人意见以及邀请参加重要会议的"四会两评一调研"工作制度，拓宽统战成员参与校园民主管理、民主监督的渠道。学校党委、党委统战部定期召开统战成员征求意见会、通情会，了解沟通情况。

在年度预算中设立统战专项专款专用，实施"一个党派一间办公室"，保障党派组织工作的开展，目前已挂牌民盟"盟员之家"、农工党"党员之家"。从2018年开始，为民主党派组织和统战团体负责人、各级政协委员在年度工作量考核中给予参与统战工作的工作量认定。

三是大力加强统战干部队伍自身建设。学校党委高度重视统战部门自身建设，坚持单独设置统战部，配强统战部人员，落实统战部部长担任党委常委要求。为夯实基层统战工作基础，加大基层专、兼职统战干部队伍建设力度，落实二级党组织书记担任统战委员要求，明确二级党组织统战委员工作职责，压实基层统战工作责任。通过集中培训、面对面辅导、一对一走访，提高基层统战队伍开展党外知识分子、民族宗教工作的能力，推动统战工作向基层延伸。

四是团结凝聚广大党外知识分子在事业发展中建功立业。我们组织、动员党外知识分子发挥专业优势，在服务国家战略、聚焦脱贫攻坚和乡村振兴、解决农业关键技术中建功立业，一大批党外知识分子取得了优异成绩。民盟盟员张福锁团队创立的"科技小院"诠释了人才培养的时代命题，并成为国家行动在全国推广。无党派人士李保国投身东北黑土地保护，创建了黑土地治理"梨树模式"。九三学社社员赖锦盛教授开发的属于中国的"基因剪刀"获得专利授权，打破了我国在基因编辑核心工具领域的技术空白。2018年、2019年民盟盟员张福锁、无党派人士杨宁相继荣获"全国脱贫攻坚奖创新奖"。同时，我校党外知识分子还积极为国家建设建言献策，仅2020—2021年，我校党外专家就建言献策318篇，其中被各级组织采用148篇，多篇被中央领导批示。

面向未来，我们将继续继承和发扬统一战线的优良传统，以高度政治责任感，扛起统战工作的责任，增强"四个意识"、坚定"四个自信"、做到"两个维护"，为奋力推动新时代高校统战工作高质量发展，为全面建设中国特色、农业特色世界一流大学汇聚磅礴力量。

（中国农业大学　姜沛民）

巩固大统战工作格局　凝聚团结奋斗力量
推动学校统一战线事业再上新的台阶

　　高校是党外知识分子相对集中的地方，是我们党开展统战工作的生动缩影，也是展示统一战线法宝作用的重要窗口，肩负着增强党的阶级基础、扩大党的群众基础的重要历史使命。近年来，吉林大学党委深入学习贯彻习近平总书记关于做好新时代党的统一战线工作的重要思想，坚持以《中国共产党统一战线工作条例》（以下简称《条例》）为重要遵循，厚植统战工作全校共同来做的政治共识，激发依靠团结奋斗的强大合力开创新局面，引领广大统一战线成员与学校齐奋斗、与祖国共命运、与时代同步伐，谱写建校兴校的恢宏乐章，铺展开富省强省的崭新画卷，激扬起复兴强国的奋进力量。

2019年9月，吉林大学举办第五期党外代表人士培训班

一、形成党委领导强大合力，彰显吉大站位

一是以"四位一体"格局破题起步。成立统一战线工作领导小组，由党委书记担任组长，进一步压实各方责任，设立基层统战委员，形成党委统一领导、统战部牵头协调、相关职能部门积极配合、院级党组织有效参与的大统战工作格局，有力加强了对重大问题的统筹谋划、对重点工作的统筹指导。五年来，学校党委研究统战工作议题20项，出台有关文件17个。

二是以"四个带头"责任推动落实。党委书记带头学习《条例》，带头贯彻落实中央和省委关于统战工作重大决策部署，带头参加重要活动，带头广交深交党外朋友，重统战、谋统战、抓统战意识显著增强。五年来，学校党委主要负责同志主持党委理论学习中心组开展统战工作，组织专题学习会2次、全校性统战工作学习报告会5场，作出指示批示42次，参加各类党外人士座谈会15场，联系党外代表人士45人，为全校各级党员领导干部履行统战工作政治职责作出表率。

三是以"四个纳入"标准巩固提升。把统战工作纳入院级党组织党建年终考核和书记抓党建年终述职，纳入意识形态工作责任制和校内巡视，用监督"指挥棒"，立起工作"风向标"。按照"一院一特色"原则，在院级党组织中开展吉林大学统一战线工作品牌创建工程，坚持以"核心"强化领导、以"同心"凝聚共识、以"知心"联谊交友、以"聚心"带动队伍、以"诚心"扩大参与、以"畅心"听取意见、以"贴心"开展服务、以"连心"和衷共济、以"齐心"守住底线、以"圆心"延伸手臂，真正实现以评促建、以点带面，推动重点突破、整体提升。

二、运用统一战线重要法宝，展现吉大行动

一是将深化政治交接作为民主党派自身建设的不变追求。坚持党内带党外，引导民主党派成员在回顾光辉历史中坚定理想信念，实现感情永存、信念永恒、传统永续。广大民主党派成员自觉与学校党委同心同向、共勉共进，充分利用人大、政协渠道反映学校"十四五"规划实施过程中，需要协调帮助解决的困难问题，围绕学校"三大工程"建设、落实第十五次党代会既定目标开展民主监督，助推工作走深走实。

二是将榜样引领作为激励统战成员勇毅前行的不竭动力。作为"心有大我、至诚报国"黄大年精神的诞生地，学校深入贯彻落实习近平总书记对黄大年同志先进事迹重要指示批示精神和给全国黄大年式教师团队代表重要回信精

神，将黄大年精神作为广大党外知识分子永不熄灭的精神火炬和催人奋进的精神动力，先后开展"追忆黄大年 点亮中国梦""传承楷模精神 接续奋斗历程""以黄大年为榜样 做新时代好老师"等主题教育活动，组织党外知识分子走进黄大年纪念室、工作室、茶思屋，近距离感受报国初心；选派人员参加黄大年先进事迹报告团全国巡讲、音乐剧《黄大年》排演，使党外知识分子深刻理解黄大年精神的丰富内涵和时代价值，把为学、为事、为人统一起来，以报国之志铺展生命底色，以创新精神勇攀科学高峰，以师者初心培育时代新人。

三是将促进交往交流交融作为增强民族团结的显著标识。坚持铸牢中华民族共同体意识主线，推动党的民族政策融入思政课程和课程思政，民族团结进步教育纳入实践养成环节和校园文化建设，关心关注少数民族师生的学习状况、生活状况、身心健康状况，依托少数民族联谊会广泛开展联谊活动、公益活动、文体活动，形成"你中有我，我中有你，谁也离不开谁"的生动局面。

四是将筑牢坚强防线作为抵御宗教渗透的有力抓手。建立以学校党委宗教工作领导小组为平台、以成员单位为主体、以相关领域为阵地、以院级党组织为单元的工作体系，打造专兼职有机结合、少数民族学生辅导员和留学生辅导员齐抓共管、校园安全员作为重要补充的工作队伍，依托民族宗教领域矛盾问题排查化解"零报告"和信教师生情况及变化"月报告"的工作制度，实现常态化管理和应急处置两手抓、两手硬。

五是将积极争取人心作为港澳台侨统战工作的重要目标。坚持深化海峡两岸及香港学生"朋友圈"，鼓励更多港澳台地区学生来校学习，组织港澳台学生实地体验祖国大陆经济社会发展、感受脱贫攻坚沧桑巨变、见证抗击疫情伟大实践，推动心灵契合，实现人心回归。深耕合作交流"试验田"，秉持"两岸一家亲"理念，围绕共同的血脉、共同的文化、共同的愿景，建立校际交流合作关系，促进两岸教育融合发展。深谋海外统战"新蓝图"，发挥"同一个吉大、同一个梦想"的强大感召力，抓住全球吉商大会、吉大校友回吉创业和东北亚投资贸易博览会等有利契机，引领更多人才建设吉大、引进更多项目落地吉林。

三、凝聚统战成员智慧力量，体现吉大担当

一是以更加积极的举措发现人。依托民主党派组织，持续关注各专业有发展潜力、适合在党外发挥作用的人才；依托党外知识分子联谊会、留学人员联谊会在教育培训、调研考察、建言献策、服务社会过程中，努力发现储备人才；发挥党外代表人士丰富的科研经历和工作阅历，以才引才、以才聚才，不

断充实源头活水；利用高层次人才计划、先进人物评选表彰等渠道，深入发掘更多的党外人士，聚天下英才而用之，使党外人才加速集结在学校党委周围。

二是以更加开放的胸襟使用人。将党外人士纳入干部选任、挂职锻炼、轮岗交流总体安排，有针对性地开展政治理论教育和能力素质培养，把政治素质高、专业能力强、群众基础好的党外人士放到重要岗位、选派到实践一线、安排到党派组织经受考验、接受锻炼，促进党外人士茁壮成长、脱颖而出。目前，学校有13位党外人士担任学院院长、30位党外人士担任副院长，形成了"种下一棵树，成长一片林"的良好示范效应。

三是以更加广阔的舞台成就人。支持广大党外人士坚持问题导向和需求导向相统一，立足一流研究方向、凸显一流学科特色，在关键核心技术上发力求突破、协同勇攻关，围绕我国改革发展实践提出新观点、构建新理论，努力形成"中国特色、吉大气派"的学科体系、话语体系，为中国共产党治国理政服务。鼓励党外人士跟踪时代大势、把握中国变化，主动凝聚吉大智慧、积极提供吉大方案。近年来我校党外人大代表、政协委员，以深入调研的求实之言、学养深厚的求真之言、立足家国的求为之言，交出服务党和国家建设的合格答卷。

下一步，吉林大学党委将深入贯彻习近平总书记关于做好新时代党的统一战线工作的重要思想，坚持以新理念领航、坚定新时代统战工作前进方向，坚持以新使命接力、开拓新时代统战工作崭新局面，坚持以新作为提升、激发新征程统战工作信心动力，把全校统一战线成员思想和行动统一到党的二十大精神上来，形成心往一处想、劲往一处使的生动局面，为统一战线事业发展提供吉大经验、作出吉大贡献。

（吉林大学　罗爽　迟铁）

构建"五心四体六抓实"工作体系
推进新时代高校统战工作高质量发展

　　高校党外知识分子集中、人才荟萃、智力密集,是统战工作的重要领域,也是展现新时代统一战线法宝作用的重要阵地。近年来,浙江大学党委坚持以习近平新时代中国特色社会主义思想为指导,旗帜鲜明加强党对统一战线的集中统一领导,全面落实党中央和省委关于新时代统战工作的决策部署,形成了"五心四体六抓实"的统战工作新体系,即以"不忘初心、维护核心、固守圆心、凝聚人心、服务中心"为使命,以构建与党外知识分子"共信"的政治共同体、"共商"的价值共同体、"共建"的发展共同体、"共进"的利益共同体等"四个共同体"为愿景,以"六个抓实"为具体着力点,推进高校统战工作与"立德树人"的初心相适应,与建设"教育强国"的使命相适应,与实现"两个一百年"奋斗目标相适应,找到最大公约数,画出最大同心圆,为加快建设中国特色世界一流大学凝聚人心、汇聚力量。

2022年5月,浙江大学举行纪念建校125周年暨第六届"民族团结进步宣传月"升旗仪式

一、抓实建章立制，加强党对统一战线工作的集中统一领导

浙江大学党委始终坚持以制度建设为抓手，不断完善工作机制，坚持和完善大统战工作格局，全面提高统战工作科学化、规范化、制度化水平。一是着力贯彻《中国共产党统一战线工作条例》（以下简称《条例》），夯实党委主体责任。学校党委坚持把统战工作摆在重要位置，将《条例》精神学习纳入学校党委常委会和党委理论学习中心组的学习内容，认真研究统一战线重大问题，部署重要工作，做到"五个纳入""三个带头"。二是着力理顺体制机制，强化统战工作效能。成立了由党委书记任组长的党委统一战线工作领导小组、由党委分管领导任组长的学校民族宗教事务管理工作小组，统战部部长由党委常委担任，形成学校党委统一领导、统战部门牵头协调、有关部门和院系各负其责的大统战工作格局。规范校院两级统战工作联动，组建院级统战联络员队伍，明确院级党委统战工作任务清单，将统战工作纳入院级党委书记抓基层抓党建述职评议内容。三是着力加强制度建设，提高统战工作科学化水平。出台了系列文件，修订学校党委贯彻《条例》的实施意见。严格落实情况通报会、意见征询会、秘书长悦谈会、民宗事务研判会、党外人才工作联席会等工作规范，推进统战工作制度化建设。

二、抓实思想引领，广泛凝聚统一战线政治共识

浙江大学党委始终坚持把加强对统一战线思想政治引领作为首要任务，深化统一战线思想引领和价值引导，不断巩固团结奋斗的共同思想政治基础。一是突出主题性，精心谋划主题活动。强化重点时段、关键节点对党外人士的思想政治引领，按照"一年一主题，一阶段一重点"的要求，紧抓重要节点、重大事件开展主题实践活动。二是突出政治性，强化党外人士教育培训。实施"育人强师"全员培训计划，将党外人士的培养教育纳入党校教学计划统筹考虑和部署。2016年成立了由党委分管领导任院长的社会主义学院，重点打造党外中青年骨干培训班等品牌班次，建强统一战线人才教育培养的主阵地。定期编发《统一战线理论学习参阅资料》，为党外知识分子开展学习主动提供"精神食粮"，引导党外知识分子加强政治理论修养。三是突出思想性，提升信息宣传工作引导力。适应时代发展要求，强化"指尖上的思想政治工作"，推动形成理论和舆论、内宣和外宣、线上和线下齐抓共进的良好局面，打造部门网站、微信公众号、微信群联动的宣传矩阵，用主题宣传感召人、形势宣传鼓舞人、政策宣传指导人、成就宣传激励人、典型宣传引领人，持续传播正能量，

发出浙大统战好声音。

三、抓实队伍建设，推动统一战线事业可持续发展

浙江大学党委始终坚持把培养一流的干部队伍作为推动学校事业改革发展的强大动力，加强顶层设计，推进党外干部人才培养使用，努力建设一支素质优良、数量充足、结构合理的党外代表人士队伍。一是聚焦顶层设计，深化队伍建设体制机制。制订实施学校民主党派代表人士队伍建设十年规划，推进无党派人士培养"青苗计划"，规范党外人才工作协同机制和校院两级工作联动机制，开展党外代表人士专项培养计划，探索建立党外代表人士重点人物库和优秀青年库，实施"一人一档"，健全完善党外代表人士发现储备、培养锻炼、安排使用和管理监督的全链条工作机制。二是聚焦锻炼培养，推进党外人才的科学使用。加大中青年骨干培养力度，有针对性地安排党外青年教师到省级机关、地方基层和校部机关实践锻炼；实施"双专计划"党外干部专项培养，重视安排优秀党外代表人士进入校院两级领导班子，目前全校党外人士中有60余人担任中层领导职务。加大党外人才举荐输出力度，建立与上级协同联动沟通机制，引导党外人才发挥作用。三是聚焦组织发展，支持各民主党派组织加强自身建设。推进"三高三有三强"建设，为党派常态化开展工作提供必要的经费支持，配备民主党派事务专职秘书，按照"有活动场所、有办公设施、有文化展示、有规章制度、有专人负责"的"五有"标准高质量建设"党外人士之家"活动阵地，指导有条件的院级党组织成立院系"统战之家"等。

四、抓实作用发挥，助力统一战线彰显责任担当

浙江大学党委始终坚持站在政治和全局的高度，充分调动广大统一战线成员的积极性和创造性，引导广大党外知识分子自觉围绕国家战略和学校发展目标，坚持立德树人根本任务，在人才培养、科学研究、社会服务、文化传承与创新中发挥作用。一是在服务国家区域发展中展现担当作为。主动搭建统一战线服务国家区域发展的"连心桥"，建立"同心·知联"服务基地、"同心共富·山海协作"服务基地，打造"同心同创·智汇知联"工作品牌，参与发起成立"海创江南"高校联盟等。深入省内市、县和浙江大学西迁办学地开展"共建服务月""科技成果对接会""三服务""同心共富·山海协作"等活动，探索高校党外知识分子服务地方的"浙大模式"，先后多次获评浙江省统战工作实践创新成果。二是在服务学校中心工作中展现担当作为。引导统一战线成员贯彻落实习近平总书记对浙江大学的重要指示精神，主动服务创新驱动发展

战略。建立围绕学校发展重点难点问题的建言献策直通车，积极推动学校民主管理。切实履行新时代铸魂育人的使命与任务，在教书育人中发挥积极作用，多名党外人士担任学科带头人、省级及以上一流课程负责人等。三是在服务脱贫攻坚中展现担当作为。统筹协调全校统一战线成员立足"三个坚持"、做到"三个凝聚"，围绕"智力帮扶、人才帮扶、产业帮扶、项目帮扶"等活动，积极投身脱贫攻坚、西部大开发等国家重大战略任务，足迹遍布西藏、新疆、云南、贵州等多个省、市、自治区和学校西迁办学地，辐射群众万余人。

五、抓实教育管理，筑牢民族宗教工作阵地防线

浙江大学党委始终坚持以铸牢中华民族共同体意识为主线，深入开展民族团结进步教育。一是强化政治责任，健全工作长效机制。认真贯彻落实中央和省委有关文件精神，落实学校党委和各院级党组织的主体责任。二是强化教育管理，推进宣传工作成效。加强中国特色社会主义宗教理论研究和教育教学管理，面向全校本科生开设"马克思主义宗教学"通识选修课，面向全校研究生开设"高校宗教工作应知应会"慕课课程，实现民族宗教工作宣传"四课堂"全覆盖。三是强化共同体意识，促进民族师生交往交流交融。以铸牢中华民族共同体意识为主线，邀请国家民委、中央统战部、中央社会主义学院等领导专家来校作相关专题报告。2023年5月，人文高等研究院再次获批新一轮"铸牢中华民族共同体意识研究基地"建设单位。加强少数民族学生培养工作，连续六年举办"民族团结进步宣传月"活动，组织各族学生共同培育"民族团结树"，成立"浙里石榴红"浙江大学驿站，开展"铸牢中华民族共同体意识"专题宣讲计划，召开"石榴籽·求是情"民族团结进步师生座谈会等。

六、抓实守正创新，打造统一战线工作品牌

浙江大学党委始终坚持新时代统一战线工作的正确政治方向，主动适应新时代统战工作新要求，全面强化创新思维，不断改进工作方式方法，推动统一战线工作高质量发展。一是打造党外人士建言献策的"工作体系"。搭建"建言献策直通车""统一战线智库""政协委员会客厅"三个平台，形成"一线两面三平台"推动党外人士建言献策工作提质增效，实现建言献策"能力、主体、成果"三转变。2021年与中国民主同盟中央委员会达成战略合作成立启真智库，建立全国高校首个新的社会阶层人士智库研究基地。2022年，浙江省政协习近平总书记关于加强和改进人民政协工作的重要思想研究基地浙江大学分基地揭牌成立。2023年中国统一战线理论研究会非公有制经济人士统战工作理

论浙江研究基地在浙江大学落户揭牌。依托基地建设，2023年浙江大学入选首批浙江新时代党的统一战线研究基地。围绕国家重大战略需求，开展战略咨询研究，促进学术研究成果转化为参政议政成果。2017年以来，党外人士提交的400余项成果获得省部级以上采纳或批示，其中40余项获得中央领导批示或中央有关部门采纳。二是打造全省政协委员会客厅的"耀眼之花"。2019年在全国高校范围内成立首家"政协委员会客厅"，突出"院士扛旗+专家领跑"特色亮点，以"现场+云端"方式汇聚建设"重要窗口"统战力量，已举办"创新驱动发展战略""后疫情时代的机遇和挑战""打通知识产权最后一公里""人工智能赋能加速发展""院士与千名求是学子话两会""助力高质量发展建设共同富裕示范区""加快建设科技创新高地助力'两个先行'"等多场主题活动，覆盖校内外5000余名界别群众。三是打造"求是同心"工作品牌。围绕重大决策部署、重点工作任务、重要时间节点等契机，党委统战部联合各民主党派和统战团体共同组织"求是同心·双峰论坛""求是同心·开明讲堂""求是同心·前进论坛""求是同心·紫金论坛""求是同心·海华论坛""求是同心·智联沙龙"等系列品牌活动，不断加强统一战线的思想引领和作用发挥，实现"求是同心"品牌建设上下一盘棋，全面提升统战工作辨识度和影响力。

（浙江大学　叶恭银）

凝心聚力　团结奋斗
推进新时代高校统战工作高质量发展

　　党的二十大报告中指出："巩固和发展最广泛的爱国统一战线，完善大统战工作格局，坚持大团结大联合，动员全体中华儿女围绕实现中华民族伟大复兴中国梦一起来想、一起来干。"高校是统一战线工作的传统领域和重要阵地。厦门大学着眼新时代新征程统战工作的新形势新任务，深入贯彻落实党的二十大精神，认真贯彻落实中央统战工作会议精神，以习近平总书记重要贺信精神为引领，牢牢把握新时代统战工作规律，把围绕中心、服务大局作为根本出发点，大力弘扬嘉庚精神，凝聚人心，汇聚力量，不断深化高校大统战工作格局。

2021年4月，厦门大学举行"华侨之家"改造落成揭牌仪式

一、加强党对统战工作的领导，坚定统战工作"主心骨"

习近平总书记指出，加强新时代统一战线工作，根本在于坚持党的领导，确保党在统一战线工作中总揽全局、协调各方，保证统一战线工作始终沿着正确政治方向前进。

一是完善大统战工作格局。厦门大学统战工作历史悠久，早在1956年厦门大学党委会成立工作机构之初，就设立了统战部，是全国最早成立党委统战部的高校之一。在横向联合方面，2016年，学校成立统一战线工作领导小组，形成由学校党委统一领导，统战部牵头协调，各相关单位各负其责、密切配合，通力合作的大统战工作格局。在纵向深入方面，将管理重心下移，压实基层统战工作职责，通过实现院级党委统战委员全覆盖、建立院级党委与民主党派支部"1对1"联系等措施，初步形成了校院两级分层负责、齐抓共管的统战工作体系，较好地保证了统战工作顺利开展。

二是推进统战工作规范化。学校重视统战工作制度化建设，定期完善修订统战工作规范体系。在中央统战工作会议和党的二十大召开后，制定《中共厦门大学委员会关于加强新时代统一战线工作的实施意见》等文件，形成了较为系统完备的统战工作制度体系，有力保证统战工作扎实开展。校党委将"大统战"工作融入"大党建"工作中，将统战工作纳入校院两级党政领导班子工作考核和全面从严治党主体责任清单，将统战工作纳入学校党委会议系统，定期召开会议听取统战工作汇报、研究部署统战工作重大事项，逐步建立统战工作议事制度，推动统战工作由"部门视角"向"党委视角"转变。

三是强化思想政治教育引领。以深入学习贯彻习近平新时代中国特色社会主义思想为主线，以《中国共产党统一战线工作条例》为基本遵循，研究把握新时代统战工作的特点和规律，着力抓好党外知识分子思想政治引领工作。以学校党校、社会主义学院为依托，举办各类统一战线理论学习班，着重开展统战理论、方针、政策和基本知识的专题学习。把统战工作纳入宣传工作计划，线上通过学校网站、"厦大统战"微信公众号等主要媒体，线下通过组织各类形势报告会、南强同心讲坛等主题活动，深入学习贯彻党的二十大精神，认真学习宣传相关统战工作会议和文件精神，引导党外知识分子及时学习统一战线最新理论，不断巩固共同思想政治基础。

二、重视党外代表人士队伍建设，厚植统一战线"智囊团"

党外代表人士是党和国家人才队伍的重要组成部分。加强党外代表人士队伍建设，努力建设一支政治坚定、业绩突出、群众认同的高素质党外代表人士队伍，充分发挥党外代表人士"一根头发带动一把头发"的引领作用。

一是重视党外代表人士队伍建设。学校切实抓好党外代表人士的储备培养。学校八个民主党派齐全，现有党派成员560余名。现有无党派人士48名。坚持联系一批政治素质高、业务能力强、社会影响大的党外代表人士。学校高度重视党外代表人士的推荐使用，我校民主党派成员有3位在民主党派中央任职、11位在民主党派省委会任职、7位担任民主党派市委会副主委以上领导。学校把党外干部纳入学校干部的推荐任用总体规划，重视推荐党外代表人士参与社会政治活动，现有各级人大代表14人、政协委员32人。

二是支持党外知识分子发挥作用。加强新时代党外代表人士工作的重点是科学使用、发挥作用。激发党外知识分子的创新创造活力，促进人尽其才、才尽其用。学校支持党外知识分子在本职工作中脱颖而出，现党外知识分子中有11名中国科学院院士、1名中国工程院院士。学校支持党外知识分子在服务发展中发挥优势。

三、积极开展港澳台统战工作，汇聚壮大爱国"向心力"

高校港澳台统战工作的主要对象是港澳台师生员工和从事港澳台理论研究的专家学者。主要通过加强港澳台青年学子培养、加强学术文化交流交往等方式助力巩固爱国爱港爱澳社会政治基础。

一是以国情教育促进情感认同。学校重视加强港澳台学生的思想政治教育，把握节点契机，组织港澳台学生代表集中收看党的二十大开幕会，召开港澳台学生代表学习贯彻党的二十大精神座谈会，持续开展"共圆中国梦"港澳台学生国情教育系列活动，"认识当代中国"课程获教育部港澳台学生国情教育精品课程建设类重点项目立项。学校注重培养港澳台青年学生骨干，开展港澳台学生"行远"计划，通过主题学习、实践锻炼、技能培训，培养兼具家国情怀、专业学识和领导能力，与祖国同心、同向、同行的青年。

二是以交流合作推动教育融合。厦门大学是两岸学者第一次举办学术交流活动所在地，也是两岸校际交流合作先行者。截至目前，学校在台湾地区共有33所合作院校。2022年，学校制订"厦门大学两岸高等教育融合发展能力提升项目"方案，围绕精耕细作对台交流"前沿重镇"、打造台湾师生登陆"第一家园"、两岸共同传承弘扬中华优秀传统文化等主题，开展专项调研活动。学校积极增进两岸学生交流，逐渐形成一批品牌活动，其中"海峡两岸大学生闽南文化研习夏令营"至今已举办十五届，"海峡两岸大学生口译大赛（英语）"

和"两岸学子论坛"已举办八届,"海峡两岸大学生影像联展"已举办六届。

三是以智力优势参与决策咨询。厦门大学台湾研究院是海内外最早公开成立的台湾研究学术机构,是目前大陆高校中规模最大、学科最全、成果最丰硕的台湾研究机构,深入开展两岸关系理论研究,取得了许多重大理论成果,已出版学术专著300多部,发表学术论文3000多篇,承担国家社科基金项目、教育部各类项目以及中央有关部委委托项目等共计200余项。依托"两岸关系和平发展协同创新中心""国家高端智库"等国家级平台,主动对接决策部门,积极咨政建言,在为党政部门提供决策参考、社会咨询服务等方面取得丰硕成果。

四、积极开展海外统一战线工作和侨务工作,搭建对外交流"连心桥"

习近平总书记指出"广大海外侨胞是建设中国特色社会主义的宝贵资源",是"连接中国梦和世界梦的重要桥梁和纽带"。厦门大学作为一所华侨创办的学校,在做好海外统一战线工作和侨务工作上拥有得天独厚的优势。

一是打造教育对外开放高地。早在1956年学校就创办了华侨函授部,开始从事海外教育工作,是我国第一个面向华侨华人开办的专门教学机构,学校在海外教育工作尤其是东南亚华文教育工作中积累了较高声誉。2016年,厦门大学首开中国高校走出去先河,创办马来西亚分校,成为中国第一个在海外建设独立校园的大学。办学招生至今,已开设22个本科专业、9个硕士专业、5个博士专业。

二是推动中华文化海外传播。学校现已在五大洲的13个国家合作建设了15所孔子学院及1所中国语言文化研究中心,48个孔子课堂,是"双一流"建设高校中承建数量最多、孔子学院分布最广的中方合作院校之一。学校历来重视校友工作,厦门大学校友总会成立80多年来,在海外已建立29家校友会组织,海外校友是厦门大学形象宣传的烫金名片,是助力学校海外统战工作的桥头堡垒,为推动海外高端人才引进和中华文化海外传播作出了积极贡献。还有一批外籍教师成为中华文化海外传播的重要力量。潘维廉教授通过《我不见外——老潘的中国来信》等书籍向世界讲述真实的中国故事,被习近平总书记赞赏"不见外"。学校还多次承办"海外侨领研修班""海外华文媒体高级研修班"和"海外联谊研修班暨嘉庚精神研修班"等,引导海外侨胞深刻理解中华文化、增进文化认同。

三是不断提升为侨服务水平。厦门大学由著名爱国华侨领袖陈嘉庚创办,与海外华侨有着天然的紧密联系，始终把服务华侨、广泛凝聚侨界智慧和力量当作统战工作的重要内容。厦大侨联是全国高校最早的侨联组织之一，成立四十年来，注重联系老侨，主动服务新侨，加强海内外侨胞联系，打造"新侨人才联谊沙龙""闽侨智库厦门大学研究中心"等侨务工作品牌，举办"侨与厦大百年"系列特色活动，在凝聚侨心、汇聚侨力、发挥侨智方面不断迈出新步伐。依托侨联、欧美同学会等统战团体，定期举办主题"新侨人才联谊沙龙"，为学校海外高层次人才打造信息互通、建言献策、交友联谊的互动平台。学校还依托南洋研究院、闽侨智库厦门大学研究中心等研究机构，为侨界和地方发展建言献策。

（厦门大学　孙理　黄乐）

着力"四个推动" 筑牢高校统战工作根基

习近平总书记指出，基层党组织是贯彻落实党中央决策部署的"最后一公里"。为全面贯彻习近平总书记关于做好新时代党的统一战线工作的重要思想，推进《中国共产党统一战线工作条例》落实落细，让中央统战工作会议精神在高校落地见效，武汉大学党委着力"四个推动"，系统化推进统战工作向分党委延伸，切实筑牢统战工作根基，开创了全校上下一起来做统战工作的崭新局面。

2022年9月,武汉大学举办第七届民族文化节

一、把牢重点，着力推动分党委统一战线工作有章可循

一是理顺"1+2+47"主体责任。武汉大学统战工作已经形成党委统一领导和统战部门牵头协调、统战工作领导小组和民族宗教工作领导小组研究部署、47个分党委各负其责的大统战工作格局。学校党委将学习贯彻习近平总书记关于做好新时代党的统一战线工作的重要思想纳入党委常委会学习，纳入党委理论学习中心组学习，纳入学校各项规划和要点。充分发挥学校两个领导小组作用，坚持每年制定领导小组工作要点、常态化开展专题研究，形成全校上下共同推进统战工作的良好态势。规范统战工作队伍四位一体构成，明确分党委书记为统战工作第一责任人、分管领导和统战委员为具体负责人、统战干事为开展相关工作的直接责任人。二是完善"1+5"制度规范。武汉大学关于贯彻落实《中国共产党统一战线工作条例》的实施办法是学校党委开展统战工作的总要求，与之相配套制定的关于党外代表人士队伍建设、党外知识分子思想政治工作、分党委"四个一"同心工作、与党外人士联谊交友等五个规范性文件，为分党委及各部门开展统一战线工作提供制度性保障。三是加强"1+1+1"考核指导。将分党委统战工作任务清单纳入学校"分党委党建工作考评办法"，给予合理化赋值开展量化考核。明确分党委主要负责人年度述职报告中必须撰写开展统战工作情况。在现场考评阶段重点检查主体责任落实和工作实效。近年来共向分党委发出25项统战工作考核负面清单，并督促整改落实。

二、突破难点，着力推动分党委统一战线工作能力提升

一是聚焦学习宣传，面向分党委组织统战理论政策学习宣传全覆盖。中央统战工作会议召开后，分党委以理论学习中心组等方式迅速学习传达，深化学习研讨。及时组织校内外领导专家向分党委书记培训班、分管统战工作负责人培训班专题解读《中国共产党统一战线工作条例》（以下简称《条例》），向47个分党委专兼职统战干部发放统一战线学习资料。党委统战部加大对院系开展《条例》学习的指导和宣传，做《条例》专题辅导报告，邀请省市统战部门负责人深入马克思主义学院、政治与公共管理学院等分党委开展辅导宣讲。二是聚焦工作研讨，校院两级协同开展统战工作全覆盖。安排分党委书记参加学校党委理论学习中心组相关主题学习活动，分学部组织分党委统战工作专题研讨会，组织统战工作任务重的分党委围绕院系统战工作存在的问题进行座谈交流，用专题研讨的方式对加强和改进院系统战工作进行探索和研究。学校在起草统战工作相关文件时，积极听取院系意见建议。三是聚焦教育培训，做到分

党委统战工作队伍培训全覆盖。通过举办分党委书记、分管统战工作负责人培训班，统战干事培训班，分管学生工作的分党委副书记和辅导员培训班，分层次、分类别开展针对性培训，将党中央开展统战工作的总要求及高校统战工作理论与实践讲深讲透。

三、找准关键点，着力推动分党委统一战线工作务求实效

一是积极搭建思想引领平台。推动分党委建立党员领导干部与所在单位党外人士联谊交友机制，全校分党委领导干部共计与396名党外人士进行交友结对，开展日常性谈心谈话。通过邀请党外知识分子参加分党委理论学习中心组学习，参加主题教育和基层党支部学习教育，把党外知识分子牢牢凝聚在本单位党组织周围。在庆祝中国共产党成立100周年之际，学校各分党委面向统战成员统筹开展党史学习教育，引领广大统战成员坚定"不忘合作初心，继续携手前进"的信心和决心。二是积极搭建党外干部成长平台。定期开展党外干部成长专项调研，强化分党委对党外干部发现和储备的源头作用，统筹各民主党派成员发展和无党派人士认定工作，建立校院两级党外人士专项信息库，加大年轻化高层次党外人才储备力度。近五年，经由分党委推荐入库党外人士达200余人次。建立健全分党委政治引领综合考察评价机制，分党委负责对党外干部的政治思想现实表现等进行综合评价。三是积极搭建双岗建功平台。通过情况通报会、意见征询会和交流座谈活动，发挥党外人士民主监督作用，鼓励统战成员立足岗位，服务学校中心工作和发展建设需要。明确要求分党委支持各级人大代表、政协委员和其他统战成员参加社会活动，为他们发挥专业优势、建言献策提供保障。近年来，有多项建言献策成果被中央统战部刊物《零讯》采用。

四、激活生长点，着力推动分党委统一战线工作守正创新

一是注重与党外知识分子思想政治引领相结合。分党委在统战工作中通过开展"四个一"同心工作，抓住了加强党外知识分子思想政治工作这个牛鼻子。即常态化针对以民主党派、无党派人士为主体的党外知识分子、统战团体组织成员开展情况通报、开展教育培训、开展联谊交友活动、开展交流座谈。二是注重与铸牢中华民族共同体意识教育相结合。分党委积极推进铸牢中华民族共同体意识教育工作，营造民族团结校园氛围。学校成立"民族一家亲——铸牢中华民族共同体意识"辅导员工作室，7位少数民族专职辅导员负责六大学部的民族团结教育工作。由各分党委轮流承办的"武汉大学民族文化节"，

现已成功举办八届，团结华章响彻珞珈山。艺术学院打造的湖北省少数民族文化精品项目《雪域之花》歌颂了"武汉阿爸"杨昌林和德吉阿妈"汉藏一家亲"的感人故事。2023年，铸牢中华民族共同体意识法治研究基地依托法学院进行实体建设。近三年，社会学院等三个分党委推荐民族学相关教师8人次入选教育部、国家民委等民族学理论研究专家库。三是注重与选树落实立德树人根本任务先进典型相结合。分党委精心组织策划，推送出一大批统一战线典型人物与先进事迹。感动中国的抗艾医生桂希恩、藏族学生的武汉阿爸杨昌林光芒四射。抗疫期间，全国抗疫先进个人胡克受到习近平总书记亲切接见，雷神山医院院长王行环、"病毒猎手"李艳等一批典型彰显学校统一战线责任担当。在推进师德师风建设工作中，先后有101人次获"教学名师""我心目中的好导师""杰出教学校长贡献奖"和高层次人才称号等荣誉。

近年来，得益于省市统战部门的指导和帮助，在学校党委统一领导下，分党委统战工作取得了良好的工作成效。一是大统战工作格局进一步完善。学校党委进一步健全工作机构、明确工作职责、优化工作机制，在民主党派基层组织建设、党外知识分子工作、党外干部队伍建设等方面形成了更大合力，确保统战工作与学校事业高质量发展实现有效对接、精准契合。二是统战工作基础进一步夯实。分党委统战工作队伍四位一体组织体系更加明晰，主体责任和工作职责进一步明确，统战工作制度基本形成，统战工作"四个纳入"和"三个带头"落地见效，在加强党外知识分子思想政治工作、党外干部发现培养和铸牢中华民族共同体意识教育工作中成效明显，切实推动了统战工作沉下去、实起来。三是统战工作品牌进一步擦亮。持续开展"不忘合作初心、继续携手前进"统一战线教育实践系列活动，统筹加强党外代表人士队伍建设"1631"工程，创新打造武汉大学统一战线社会服务十大品牌活动，深入推进分党委"四个一"同心工作，积极创建校地铸牢中华民族共同体意识教育共建机制，进一步扩大统一战线社会影响力。下一步，武汉大学统一战线将全面贯彻落实党的二十大精神，踔厉奋发，笃行实干，把思想行动统一到党中央决策部署上来，确保统战工作高质量发展，画出奋进同心圆，共谱发展同心曲。

（武汉大学　郭建中）

坚持守正创新　凝聚奋进力量
推动高校统一战线工作再上新台阶

习近平总书记指出："统战工作是全党的工作，必须全党重视，大家共同来做。"党的十九届六中全会通过的《中共中央关于党的百年奋斗重大成就和历史经验的决议》，把"坚持统一战线"列为党百年奋斗的十条历史经验之一。高校统战工作是党的统战工作的重要组成部分，在党的统一战线工作全局中具有特殊的地位和作用。中南大学党委高度重视统一战线工作，坚持以习近平新时代中国特色社会主义思想为指导，深入学习贯彻《中国共产党统一战线工作条例》，积极构建大统战工作格局，牢牢把握大团结大联合的主题，通过加强党的集中统一领导、深化政治思想引领、实化工作体系建设等措施，推动统战工作不断取得新进展新成效。

2022年6月，中南大学组织党外代表人士赴湖南花垣县十八洞村开展暑期谈心活动

一、坚持党的全面领导，构建大统战工作格局

中南大学党委把坚持党的全面领导作为统一战线最根本、最核心的问题和必须遵循的首要政治原则，确保学校统一战线始终成为坚持党的领导的坚强阵地。

坚持以科学理论指导统战工作。中南大学党委通过党委常委会集体学习、理论学习中心组专题学习、统战工作会议深化学习等形式，深入学习贯彻习近平总书记关于做好新时代党的统一战线工作的重要思想，全面准确学习领会党的统一战线理论、方针、政策，自觉从事关人心向背和力量对比的政治高度来认识和把握统战工作，不断深化对统一战线的规律性认识，把牢统战工作的正确政治方向，筑牢做好新时代统战工作的思想政治根基。

加强党委对统战工作的集中统一领导。中南大学党委坚持党建工作与统战工作同谋划、同部署、同落实，把统战工作纳入党委重要议事日程，党委常委会每年定期听取统战工作汇报、专题研究统战工作，在学校年度党政工作要点、全面从严治党重点工作中对统战工作进行统一部署，确保统战工作研究谋划到位、安排部署到位、推动落实到位。制定出台《中南大学党员领导干部与党外代表人士联点交友工作制度》，加强学校党员领导干部联谊交友等工作，不折不扣落实"四个纳入""三个带头"等要求。

持续完善大统战工作格局。中南大学党委以学习贯彻《中国共产党统一战线工作条例》为契机，及时调整学校党委统一战线工作领导小组成员单位，细化明确各成员单位职责，组织制定、修订统战工作制度10余项并汇编成册，在各二级党组织中配备统战委员和统战专干，进一步健全完善了党委统一领导、统战部门牵头协调、各职能部门和二级党组织各司其职的大统战工作格局。

二、强化思想政治引领，促进党外人士健康成长

高校是党外知识分子的重要聚集地。高校党外知识分子普遍具有参与意识强、知识层次高、社会影响大等特点。中南大学党委坚持把思想政治工作贯穿统战工作始终，通过强化政治引领、激发内在自觉，积极引导党外人士和党想在一起、站在一起、干在一起。

注重加强统一战线成员思想政治引领。中南大学党委每年召开统一战线情况通报会、统一战线培训座谈会等，宣讲党的创新理论，同时通过支持学校各民主党派组织赴井冈山等地开展党史学习教育、组织开展学习习近平总书记在纪念辛亥革命110周年大会上的重要讲话精神专题活动等多种方式，引导广大

党外知识分子始终站稳政治立场，不断增进对中国共产党和中国特色社会主义的政治认同、思想认同、理论认同、情感认同。

注重党外代表人士培养。中南大学党委组织部门和统战部门密切配合，主动加强学校党外代表人士队伍建设规划，坚持同步做好党内外优秀分子发现储备、教育培养、选拔任用等工作，帮助提升他们在党外知识分子群体中的代表性和引领力，发挥好"一根头发"带动"一把头发"的作用。

注重强化平台载体建设。中南大学党委先后打造了"党委出题党外调研"专项活动、"暑期谈心"品牌活动、"中南大学统一战线参政议政工作室"等平台载体，以阵地建设拓展学校广大党外知识分子发挥作用的空间。"中南大学统一战线参政议政工作室"成为全国高校统一战线领域的知名智库，"国是论坛"开创了校院共建统战研究基地工作新模式，打造了"学科+"统战工作模式。

三、加大支持力度，推动统战工作提质增效

统战工作既是党的政治工作，也是特殊的群众工作。新时代高校统一战线成员构成更加多样、工作领域更加广泛、工作内容更加丰富。中南大学党委注重人文关怀、强化支持力度，正确处理一致性和多样性关系，最大限度凝聚起共同奋斗的强大力量。

加大对统战工作支持力度。中南大学党委加大统筹协调力度，帮助学校各民主党派基层组织和统战团体持续改善工作环境和条件。深入分析党外知识分子急难愁盼问题，推进实施"发挥智库作用，助力学校人大代表、政协委员高效履职"等专项活动，更好地引领党外知识分子发挥作用。持续完善"横向到边、纵向到底"的统战工作机制，把统战工作纳入二级党组织书记抓基层党建工作述职评议考核内容。以深化中央巡视整改、中央专题督查为契机，持续加强统战工作力量建设，形成强大合力。

增强学校各民主党派基层组织和统战团体活力。支持学校各民主党派基层组织和统战团体加强自身建设，指导民主党派基层组织开展互学互鉴，民主党派基层组织建设的科学化、规范化水平持续提升。大力加强侨联等统战团体建设，支持统战团体扎实做好统战成员教育培训工作，鼓励各民主党派基层组织和统战团体结合自身优势开展特色活动。

支持统一战线成员在服务社会中展现作为。组织党外知识分子投身脱贫攻坚、乡村振兴一线，近3年，百余名党外专家教授赴湖南江华等地开展教育、医疗、科技等各类扶贫与公益活动200余次，民建中南大学委员会荣获民建中

央"脱贫攻坚先进集体"称号。

中南大学党委将继续深入学习贯彻习近平新时代中国特色社会主义思想，从政治高度持续深入认识统一战线的重要法宝作用，持续深入落实党中央关于新时代统战工作重大决策部署，努力画好最大同心圆，形成推动党和国家事业高质量发展以及学校改革发展的强大合力。

（中南大学　易红）

强化政治引领　推动高校统战工作开新局

　　高校统战工作是党的统战工作的重要组成部分，是实现高等教育协调持续发展、构建和谐校园的重要条件。近年来，中山大学党委坚持以习近平新时代中国特色社会主义思想为指导，深入贯彻落实习近平总书记关于做好新时代党的统一战线工作的重要思想和中央统战工作会议精神，深刻认识和全面把握新时代高校统战工作的新特点新要求，认真贯彻落实《中国共产党统一战线工作条例》（以下简称《条例》），全面加强对学校统战工作的领导，聚焦立德树人根本任务，强化政治引领，完善工作机制，广泛凝聚共识、汇聚力量，以高度的政治责任感和历史使命感，推进学校统战工作开创新局面。

2022年9月，中山大学举办"与党同心、携手奋进
——中山大学统一战线喜迎党的二十大文艺晚会"

一、坚持党的领导，突出统战工作的政治性

习近平总书记强调，统战工作具有很强的政治性。旗帜鲜明讲政治是对统战工作的首要要求。中国共产党领导是统一战线最鲜明的特征，坚持党的领导是统一战线最根本、最核心的问题。近年来，中山大学党委深入贯彻落实《条例》要求，加强党对统一战线工作的集中统一领导，进一步提高政治站位，确保统战工作始终沿着正确政治方向前进，取得明显成效。

完善工作格局。认真贯彻《条例》要求，完善统一战线工作领导小组、民族宗教工作领导小组议事规则，构建了学校党委统一领导、统战部牵头协调、相关职能部门和二级党组织共同参与、各负其责、协调配合的大统战工作格局，明确了党在统一战线工作中总揽全局、协调各方的领导地位。

健全工作制度。对标新时代高校统战工作的新要求，建立完善统战工作制度体系。中山大学党委先后出台8项校级制度，积极落实落细《条例》要求，对党员领导同志联谊交友、党外知识分子思想政治工作、民主党派基层组织换届等工作制定规范，明确职责。为强化制度执行效果，学校党委制定二级党组织统战工作、民族宗教工作责任清单，以党建工作考核评价为抓手，把统战工作和《条例》执行情况纳入领导干部目标管理和考核体系，纳入党委巡视、监督执纪问责范围，有效压实了相关部门和二级党组织的统战工作主体责任。

提升工作水平。将学习贯彻《条例》纳入校院两级党委理论学习中心组专题学习内容。加强统战干部队伍建设，面向全校专兼职统战干部举办学习《条例》专题辅导报告，加强统战理论方针政策培训，不断提高统战干部的政治判断力、政治领悟力、政治执行力。实施《条例》以来，学校党委常委会先后17次学习传达《条例》、研究部署统战工作，充分发挥统一战线工作领导小组、民族宗教工作领导小组议事职能，研究部署重要工作、推动解决重要问题，有效提升统战工作科学化规范化制度化水平。

二、广泛凝聚共识，共绘立德树人的同心圆

习近平总书记指出，统战工作的本质要求是大团结大联合，解决的就是人心和力量问题。中山大学党委坚持为党育人、为国育才，在统战工作中聚焦立德树人的根本任务，采取多种措施广泛凝聚共识、汇聚力量，引导统战成员胸怀"国之大者"，坚持"四个面向"，立足本职岗位服务国家重大战略，在人才培养、科技创新等方面为国家发展、民族振兴作出新贡献。

强化政治引领。坚持把政治引领摆在突出位置，引导统战成员不断增进对

中国共产党和中国特色社会主义的政治认同、思想认同、理论认同、情感认同。围绕党史学习教育、庆祝中国共产党成立100周年、纪念辛亥革命110周年、党的二十大召开等重要时间节点，组织党外代表人士赴湘江战役旧址、古田干部学院、遵义干部学院等地接受红色培训，举办"与党同心、携手奋进——中山大学统一战线喜迎党的二十大文艺晚会"，组织学校统一战线组织全体班子成员进行履职能力培训，强化政治引领、提高五种能力。中山大学党委书记、马克思主义学院教授作专题辅导报告，引导党外人士深入思考中国共产党为什么能。校院两级党员领导干部带头广交深交党外朋友，寓思想引领于尊重、关心、关爱之中，进一步提升思想政治工作效能。一年多来，全校共组织党外人士开展各类座谈交流、学习培训、考察交流等20场次。

积极服务社会。充分发挥统一战线人才优势，引导党外知识分子积极服务国家重大战略需求。组织党外知识分子赴西藏林芝、四川甘孜等地开展科技文化交流活动，深入当地医院和卫生院开展科普活动，为少数民族地区文化、教育、医疗发展提供支持。组织赴新疆喀什、云南凤庆县开展国情教育专题讲座、扶贫义诊和医疗帮扶活动，助力脱贫攻坚、援疆援藏等工作，引导党外知识分子在服务社会中了解国情、提高站位，增强他们对党和国家重大决策部署的认同。

完善沟通机制。建立完善多项工作机制，为党外人士了解、参与学校发展提供畅通的沟通渠道。中山大学党委定期邀请党外代表人士参加学校重要会议，了解重大决策的背景和程序。定期召开校情通报会，面向全校及时通报学校重大事项和发展情况。学校党委书记多次主持召开党外代表人士座谈会、统一战线组织负责人及青年骨干座谈会，听取意见建议，广泛凝聚共识。2020年底，在中山大学党委支持下，党外知识分子联谊会顺利换届，吸收了一批年富力强的青年党外知识分子加入党外知识分子联谊会，进一步发挥党外知识分子联谊会的桥梁纽带作用，引导广大党外知识分子与学校发展同心同向同行。

三、加强党外代表人士队伍建设，建好民族复兴的人才库

中山大学党委深入贯彻落实《条例》精神，以加强党外代表人士队伍建设为基础工程，更好发挥"一根头发"带动"一把头发"的作用，推动民主党派基层组织和统战团体加强自身建设，促进党外代表人士为经济社会发展贡献力量。

优化队伍结构。积极支持学校民主党派基层组织加强自身建设，优化队伍结构，提升人员素质，选优配强领导班子。一年多来，民主党派组织发展成员

中高级职称人员占比84.6%，45岁以下人员占比76.9%，一批年富力强、饱含热情的民主党派骨干成员充实到基层组织领导班子中来，有力激发了基层组织活力。

完善工作机制。进一步完善组织、统战部门联席会议制度，共同做好党外优秀年轻人才的发现、培养、使用、管理，为培养党外代表人士涵养水源。加强与广东省委统战部、民主党派广东省委会的沟通，完善人才梯队建设机制。建立统战部与统一战线组织工作联动机制，加强与领导班子和青年骨干成员的联系沟通。

加强实践锻炼。注重选拔有发展潜力的党外年轻骨干人才在校内任职，积极选送党外知识分子参加上级部门和民主党派中央、民主党派广东省委会等举办的学习培训和实践锻炼等。2022年，学校共有民主党派中央委员8人，其中常委2人；民主党派广东省委会委员20人，其中副主委5人。党外人士担任新一届全国人大代表2人、全国政协委员2人；广东省政协委员19人，其中常委3人。通过实职安排、政治安排、社会安排等，加强党外代表人士实践锻炼，促进党外代表人士健康成长。

2022年，我们党胜利召开了二十大，对全面建设社会主义现代化国家、全面推进中华民族伟大复兴进行了战略谋划，为新时代新征程党和国家事业发展、实现第二个百年奋斗目标指明了前进方向、确立了行动指南。奋进新征程，中山大学党委将坚持以习近平新时代中国特色社会主义思想为指导，紧紧围绕深入学习贯彻党的二十大精神这条主线，进一步加强党对统一战线工作的领导，始终坚持大团结大联合，完善大统战工作格局，坚持目标导向和问题导向，不断创新工作方法，健全工作机制，扎实推进新时代高校统战工作高质量发展，为建成中国特色世界一流大学、实现中华民族伟大复兴汇聚智慧和力量。

（中山大学　陈春声）

团结汇聚学校统战力量
同心筑基民族复兴伟业

　　四川大学有7个民主党派1300余名成员；成立有留联会、知联会、侨联3个统战团体；有46个少数民族的师生6800余人，具有统战对象全、学历层次高、代表人士多、参政能力强、带动作用大的特点。长期以来，学校党委坚持以习近平新时代中国特色社会主义思想为指导，深入贯彻落实习近平总书记关于做好新时代党的统一战线工作的重要思想，大力加强新时代学校统一战线工作，画好最大同心圆，为加快推进中国特色世界一流大学建设、实现中华民族伟大复兴的中国梦汇聚磅礴力量。

四川大学统战部编印的年度统战工作画册

一、强化思想引领，引导党外知识分子同向同行

一是坚持集中教育与日常引导相结合。认真组织各民主党派和无党派人士深入学习领会习近平新时代中国特色社会主义思想，坚持每年围绕一个主题集中开展主题教育，不断增进党外知识分子对中国共产党的政治认同、思想认同、理论认同、情感认同。积极支持学校各民主党派、统战团体通过专题报告、考察学习、座谈交流等形式，开展日常学习教育，把对党外知识分子的思想引导融入日常、做到经常。

二是坚持理论学习与实践感悟相结合。一方面通过专题讲座、集中学习、培训班等方式组织民主党派成员开展习近平总书记关于做好新时代党的统一战线工作的重要思想、《中国共产党统一战线工作条例》、新型政党制度等方面的理论学习。一方面支持各民主党派和统战团体开展决策咨询、技术培训、项目对接、医疗下乡等实践活动，形成特色品牌，在实践中感悟党情国情社情、升华爱国爱党爱社会主义思想境界。如学校民建连续27年组织医疗专家"三下乡"，足迹遍布四川老少边穷地区，多次受到民建中央表彰；以农工党为主体、多党派参与的"华西—镇雄"和"华西—大方"模式受到中央统战部部长石泰峰和农工党中央主席何维的充分肯定。学校侨联落实中国侨联提出的"三方机制"，建立四个专家工作站服务地方经济建设，连续三年获中国侨联领导肯定性批示；致公党开展"川越大洋　致联五洲"海外人才政策宣讲活动，为学校引智引才贡献党派力量。

三是坚持政治引领和事业引领相结合。建立党外人士信息数据库动态管理机制，有组织有计划地广泛发现党外代表人士，建立学校优秀党外人士库、无党派代表人士库和代表人士骨干库，把党外代表人士队伍建设纳入学校干部人才队伍建设总体规划，建好党外干部蓄水池。重视输送推荐，向学校推荐党外干部，推荐党外人士担任各级人大代表、政协委员、政府参事、文史馆员等；注重培养使用，搭建多种平台，让党外人士在学习培训、调研考察、挂职锻炼、建言资政、社会服务中不断成长、更好发挥作用。目前，各级人大、政协中有党外代表人士81人次，其中，全国人大代表、政协委员中党外人士7人。

四是坚持教育引导与关心爱护相结合。制定实施学校《各民主党派、统战团体负责人建言献策"直通车"制度》《关于党员领导干部同党外人士联系交友的实施办法》《校党委常委联系民主党派、统战团体、党外代表人士工作制度》，坚持每年召开党外人士校情通报会、定期看望慰问党外代表人士等，畅通党外知识分子信息渠道。通过直通建言、联谊交友、日常交流、走访看望、

交心谈心等方式，校院领导了解掌握党外人士的思想状况，认真听取意见建议，主动为党外人士排忧解难，在关心爱护中做好春风化雨、润物无声的思想引领。

二、加强新时代民族团结进步教育，铸牢中华民族共同体意识

一是扎实开展铸牢中华民族共同体意识工作。制定实施《贯彻落实中央民族工作会议精神　铸牢中华民族共同体意识的实施意见》，明确5大方面12项重点任务。组建"四川大学铸牢中华民族共同体意识研究基地"，2020年成为国家首批10个"铸牢中华民族共同体意识研究基地"之一。2021年10月，时任中共中央政治局常委、全国政协主席汪洋同志来校调研四川大学铸牢中华民族共同体意识研究基地建设情况，对学校铸牢中华民族共同体意识研究工作给予充分肯定。2023年，学校铸牢中华民族共同体意识研究基地在中央四部委周期考核中获评优秀。

二是强化民族团结进步教育。发挥学科优势，开设"西藏的历史与文化""中国民族史专题""中华文化""民族理论与政策"等课程，在形势与政策教育课中设置"新时代民族团结进步教育"专题，面向少数民族学生举办民族教育专题讲座，依托学生党支部、班团组织开展民族团结主题教育实践活动，讲好"新时代民族团结进步故事"，引导学生树立正确的民族观，自觉维护民族团结。坚持深度融合原则，通过混班教学、混合住宿的"大融合"式管理，形成各民族学生生活上相互关心、学习上相互帮助的良好局面。依托同心圆工作坊、"明远·启航"能力提升计划等，组织少数民族学生参加校院活动。在"凤凰展翅"文化艺术节、"逐梦青春"社团文化节等校园品牌活动中嵌入民族团结主题等，促进各民族学生交往交流交融。

三是推进国家通用语言文字教育。依托语言文字特色课程、语言文化知识讲座、学术论坛、创作交流活动、演讲比赛、诵读大赛等多种形式，推动中华优秀语言文化创新发展。开设"普通话实训与测试"课程，入选国家一流本科线上课程，选课人次超过8万。获批第二批国家语言文字推广基地，积极承担国家通用语言文字培训任务，组织全校师生特别是少数民族学生进行国家通用语言文字培训，开展"推普助力乡村振兴"暑期社会实践活动，获得教育部专项表扬。

三、发挥区域和学科优势，加强党的宗教理论政策的教育与研究

一是加强马克思主义宗教观和党的宗教政策教育。坚持将马克思主义宗教观和党的宗教政策纳入新生入学教育和新进教职工培训内容，制订在思政课中融入马克思主义宗教观和党的宗教政策的实施方案、加强宗教知识宣传教育工作的实施办法等，开设"马克思主义宗教观与当代中国宗教""宗教与国际关系""马克思主义宗教学理论"等课程，推进马克思主义宗教观和党的宗教政策进教材进课堂进头脑。邀请有关领导和专家学者举办宗教工作专题培训，校党委书记亲自作辅导报告，增强培训实效。

二是加强马克思主义宗教学学术与话语体系建设。依托道教与宗教文化研究所、藏学研究所、南亚研究所、中国俗文化研究所、中国西部边疆安全与发展协同创新中心、铸牢中华民族共同体意识研究基地，搭建以"四所一中心一基地"为主的国家宗教学学术研究平台和政策咨询高端智库。组织召开"马克思主义宗教理论学术研讨会""中国特色宗教学学科体系、话语体系学术研讨会"等学术活动。在全国高校唯一的海内外公开发行的宗教学术核心刊物《宗教学研究》上设立"马克思主义宗教学理论研究"专栏。发挥学科优势，加强道教史研究，出版重大标志性文化成果《中国道教史》《中国道教通史》，建设"道教研究的中国学派"，《中国道教思想史》荣获"第三届全球华人国学成果奖"。牵头成立数字宗教学与智库联盟，举办"数字宗教学与智库发展论坛"。通过这些举措，初步形成马克思主义宗教学学术与话语体系。

四、开展"统战+"工作，打造大统战工作格局

以"统战+"为抓手，加强党委统战部与机关各部门、校内各单位的联动，引思想、建队伍、助发展、化风险，不断夯实学校大统战工作格局。

一是突出"统战+思想"，不断强化政治引领。积极协调学校相关部门、学院、干训基地、研究机构等资源，一方面通过举办党外人士骨干培训班、高水平专题讲座等形式，不断提升优秀党外代表人士的思想政治水平和参政议政能力；一方面扎实开展统战思想理论研究，加强统战理论研究成果对统战工作实际的指导。

二是注重"统战+队伍"，持续抓好能力提升。加强与相关职能部门和二级党委沟通，完善校院两级党外人士发现、培养和推荐工作机制，着力打造一支政治坚定、业绩突出、群众认同、梯队有序的党外代表人士队伍；充分利用校

内外资源，开展统战理论学习、专题培训和实践交流，帮助校院两级统战干部锤炼坚强的党性、培养过硬的能力、涵养丰富的学识、锻造优良的作风。

三是围绕"统战+发展"，助力学校"双一流"建设。协调各级统战资源加大对学校宗教学、民族学等学科的支持，鼓励和支持宗教所、藏学所及铸牢中华民族共同体意识研究基地等机构开展民族宗教理论研究、打造国家政策咨询高端智库；积极动员统战成员为国际中文教育及其学科建设献计出力，增强中华文明传播力影响力；加强与校友会合作，团结和凝聚海内外校友，会同学校统战力量共同助力学校师资队伍建设、科学研究和社会服务，加快推进学校世界一流大学建设。

四是聚焦"统战+信息"，着力防范化解风险，做好网络统战工作。强化校地协调联动和校内部门间互动，不断完善校内外信息沟通共享机制，及时发现苗头、研判风险、消除隐患，及时处置突发事件，维护校园安全稳定。打造"一中心三体系四平台"智慧统战同心川大工作品牌，利用"信息采集""数据分析""对象服务""媒体宣传"四大服务平台推动网络统战工作。

（四川大学　李喜庆　岳华　郭军）

政治引领　守正创新
扎实做好新时代高校统战工作

　　统一战线历来是我们党领导人民取得革命、建设和改革事业胜利的重要法宝。习近平总书记在庆祝中国共产党成立100周年大会上概括了"九个必须"的根本要求,《中共中央关于党的百年奋斗重大成就和历史经验的决议》概括了"十个坚持"的历史经验,统一战线都是其中之一,充分彰显了统战工作在党和国家工作大局中的重要地位。西北农林科技大学历届党委高度重视统战工作,先后涌现出了一大批优秀党外代表人士,为党和国家事业发展作出了积极贡献。进入新时代,学校党委始终把做好统战工作作为坚定拥护"两个确立"和坚决做到"两个维护"的试金石,摆在更加重要的位置。

2022年6月,西北农林科技大学党外人士沿着习近平总书记的足迹,
走进陕西省安康市平利县老县镇蒋家坪村聆听村党支部书记讲述
习近平总书记的爱民为民情怀

一、提高政治站位，加强党对统战工作的全面领导

党的十八大以来，西北农林科技大学党委深入学习贯彻习近平总书记关于做好新时代党的统一战线工作的重要思想，深刻理解和把握做好新时代高校统战工作的重要意义，充分认识到党外知识分子工作是统一战线的基础性、战略性工作。高校是党外知识分子的聚集地，具有人才荟萃、智力密集、联系广泛等独特优势，是统一战线发展壮大的重要依托，是凝心聚力的重要阵地，是服务大局的重要支撑。

多年来，学校党委坚持以凝心聚力为核心，以政治引领为主线，认真履行"四个纳入""三个带头"责任，积极构建党委统一领导、统战部门牵头协调、有关职能部门和基层党组织各负其责的大统战工作格局，形成强大工作合力。2017年，学校党委成立统一战线工作领导小组，制定《统一战线工作领导小组工作办法》，并制定完善了《关于加强新形势下统一战线工作的实施意见》《基层统战工作实施细则》等规章制度，不断提升统战工作科学化规范化制度化水平，汇聚最大力量、释放最大能量、发挥最佳效能，为学校"双一流"建设和实现中华民族伟大复兴贡献统战力量。

二、坚持守正创新，从政治高度扎实做好新时代高校统战工作

加强政治引领，不断巩固团结奋斗的共同思想政治基础。把深入学习贯彻习近平新时代中国特色社会主义思想贯穿党外知识分子教育引导全过程，以"不忘合作初心，继续携手前进""学党史、跟党走"等主题教育为契机，把"党的创新理论"融入理想信念教育、把"社会主义核心价值观"融入思想引领、把"红色基因"融入价值引导，教育引导党外知识分子用党的创新理论武装头脑、指导实践，不断增强"四个意识"、坚定"四个自信"、做到"两个维护"，进一步巩固共同思想政治基础，努力找到最大公约数、画出最大同心圆，不断增强广大统战成员听党话、跟党走、与党同心奋斗的思想自觉、政治自觉和行动自觉。

支持民主党派团体建设，充分发挥组织效能。西北农林科技大学党委高度重视学校民主党派基层组织和统战团体建设，支持民主党派基层组织加强领导班子建设，选好配强领导班子。为学校民主党派基层组织和统战团体提供活动室，对标上级标准为各民主党派基层组织和统战团体划拨工作经费，支持各民主党派基层组织做好组织发展工作。成立西北农林科技大学党外知识分子联谊会、归国留学人员联谊会，充分发挥统战团体在举旗帜、聚民心、暖人心、筑

同心等方面的重要作用。

注重统筹谋划，加强党外代表人士队伍建设。西北农林科技大学党委统筹谋划，制订了党外代表人士培养的长期规划，实施了"141工程"，即努力培养10名左右在全国有一定影响的旗帜性人物，40名左右在陕西省有较大影响或在学校教学、科研、推广、管理等方面发挥重要作用的党外代表人士，100名左右有发展潜力的中青年党外人士。出台《关于加强党外代表人士队伍建设的意见》，每年积极选派中青年党外人士赴陕西社会主义学院学习，注重党外干部的选拔培养，坚持校内使用与校外推荐相结合，为党外人士成长进步提供台阶。目前，学校党外人士中：1人担任副校长，15人担任学校处级领导；4人在地方政府、人大、政协担任领导职务；向校外推荐1人担任正厅级干部，2人担任副厅级干部；现有全国政协委员1人，陕西省政协委员4人（其中常委2人）。

坚持底线思维，扎实做好党的民族宗教工作。西北农林科技大学成立了民族宗教工作领导小组，全面贯彻党的民族宗教工作方针政策，贯彻中央民族工作会议精神和全国宗教工作会议精神。以铸牢中华民族共同体意识为主线，扎实做好少数民族大学生骨干培养，持续办好少数民族"红鹰"骨干训练营、"民族文化节""民族青年说"等特色活动，促进各民族交往交流交融。充分利用学校每周三下午集体政治理论学习时间，加强在全体师生中深入开展马克思主义宗教观、党的宗教理论和方针政策的学习宣传教育，引导广大师生树立正确的国家观、民族观、宗教观、历史观、文化观。

三、弘扬爱国奋斗精神，新时代统一战线重要法宝作用进一步彰显

立足实现中华民族伟大复兴战略全局和世界百年未有之大变局，西北农林科技大学党委始终心怀"国之大者"，团结引导统战成员以立德树人为根本，以强农兴农为己任，聚焦保障国家粮食安全、生态文明、人类健康、乡村振兴等重大使命，踔厉奋发、笃行不怠，为全面建成社会主义现代化强国积极贡献智慧和力量。

在教书育人方面，广大统战成员积极贯彻党的教育方针，在教学一线传播知识、传播思想、传播真理，塑造灵魂、塑造生命、塑造新人，努力做为人、为事、为学的典范，用实际行动诠释立德树人的真正内涵。涌现出王国栋、姜在民、龙明秀等一批优秀党外教师，被学生评为心目中的好老师、好导师，成为全国优秀教师、国家"万人计划"教学名师、陕西省师德标兵、陕西省教学

名师、学校金牌教师等。

在科学研究方面，广大统战成员瞄准国际科技前沿，紧扣国家战略需求、经济社会发展需要和人民生命健康，积极开展面向农业生产实际的科学研究。致公党西北农林科技大学总支主委黄丽丽教授坚持把论文写在黄土地上，她主持的"苹果树腐烂病致灾机理及其防控关键技术研发与应用"项目获国家科学技术进步二等奖；无党派人士许晓东教授在病毒界首次发现了朊病毒，取得了重要科研成果；单卫星、郁飞、雷初朝等多位党外专家教授团队的研究成果为打赢脱贫攻坚和助力乡村振兴作出了积极贡献。

在参政议政方面，广大党外代表人士胸怀"国之大者"，立足岗位，发挥优势，资政建言，为党和政府科学决策、有效施策提供了重要参考。近五年，党外专家通过各级人大、政协、民主党派等渠道建言献策442条，被省级及以上部门采纳328条。特别是，一批党外代表人士提出的资政建议得到国家有关领导人批示，学校每年都有3~5条资政建议获陕西省委书记、省长批示，5条左右建议入选全国政协会议提案或民主党派中央书面发言材料。

在服务社会方面，一批党外人士发挥专业优势，亲赴生产一线开展技术指导培训，让科技成果惠及农业增产和农民增收。在疫情防控中，统战成员风雨同舟，勇担使命，筹集20余万元共克时艰，线上线下积极指导春耕生产，为保障粮食安全提供了有力科技支撑。2021年，致公党西北农林科技大学支部被评为"各民主党派、工商联、无党派人士为全面建成小康社会作贡献先进集体"，被致公党中央评为"脱贫攻坚先进集体"；民盟西北农林科技大学委员会被民盟中央评为"脱贫攻坚先进集体"；王渭玲、徐怀德等5名党外专家被民主党派中央评为"脱贫攻坚先进个人"。

（西北农林科技大学　王文博　冯来顺　康乐）

提升统战工作科学化规范化制度化水平

加强信息化系统建设
赋能新时代学校统战工作

贯彻落实《中国共产党统一战线工作条例》要求，以习近平新时代中国特色社会主义思想为指导，坚持守正创新，根据统一战线面临的新形势新任务新要求，积极推进理论政策、思路理念、方式方法和体制机制创新，不断提高统战工作科学化制度化规范化水平，是开创新时代统战工作的必由之路。在学校建设中国特色世界一流大学的新征程上，充分发挥统一战线法宝作用，构建大统战工作格局，汇聚各方力量，利用大数据手段建立起对统战工作全面分析、综合研判的工作平台，为开创学校统战工作发展全面提供信息化支撑与保障，是高校改革发展事业的内在要求。为此，北京师范大学经过一年多的时间完成了统战服务与支持系统的建设和上线使用，并不断完善拓展功能，积累了一定的经验。

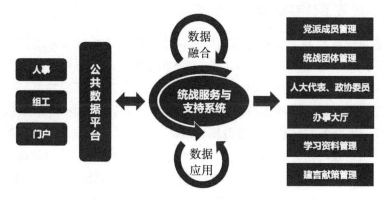

北京师范大学统战服务与支持系统图示

一、建设统战工作系统的重要意义

一是呼应时代特征，更新工作理念。当前，信息革命时代潮流与中华民族伟大复兴战略全局和世界百年未有之大变局发生历史性交汇，以互联网为代表的网络信息技术日益成为创新驱动发展的先导力量。党的十八大以来，以习近平同志为核心的党中央高度重视信息化工作，作出一系列重大决策部署，推动网信事业取得历史性成就、发生历史性变革。高校统战工作是党的统战工作的重要组成部分，实现高校统战工作信息化是落实国家信息化发展战略的必然要求。在新的国际形势与国内环境下，社会更加开放、竞争日益激烈、矛盾更加凸显、统战工作环境更加复杂、工作对象更加广泛，工作领域日趋扩大。传统的工作模式已不能满足党和国家对高校统战工作提出的新要求，因此，主动探索在"互联网+"环境下的工作模式，响应大数据时代对各项工作提出的信息化要求，是学校统战工作发扬自主性的积极探索，也是充分发挥统一战线法宝作用的必由之路。

二是运用信息技术，工作提质增效。统战工作信息化将统战工作与信息化技术有机结合，在充分利用信息资源的基础上构建统战工作服务"云平台"，同时促进统战工作精准化规范化水平的提高。高校统战工作涉及人数较多，各类信息纷繁复杂，对精准度与及时性要求较高，在实际工作中需要时常对各类数据进行分类汇总及统计等。推动统战工作信息化建设，开辟"线上+线下"工作渠道，进一步提高工作效率，及时掌握各类信息与相关情况，将助力统战工作顶层设计与统筹规划，切实提升统战工作质量及效果。

二、统战工作系统设计的主要思路

一是强化统筹推进，完善基础数据。系统建设以实现服务功能、管理功能、学习功能、交流功能为目标，打造全面覆盖统战业务领域的"大数据平台"，并在实际使用过程中不断进行功能板块优化，完善系统功能。统战数据准确性是信息化建设的基础与前提，系统坚持"大数据理念"，通过核查、补缺、分类、更新等方式推进基础数据标准化。在基础数据录入格式、运行体系及数据运用等方面建立统一标准，并使用交叉管理功能进行数据清洗，提高平台录入数据信息质量。设置多层级用户类别，全方位保证基础数据采集准确、录入准确、更新及时，实现民主党派、统战团体、统战成员信息"一网清"与"一键查"。

二是建立协同机制，实现共建共享。系统协同校内其他单位建立统一的数据机制，着力实现校内相关数据互联互通。打破校内各单位间的信息孤岛与信息鸿沟，严格遵照"一数一源"数据使用和共享原则，在信息处理、数据共享与资源整合方面实现共建共享；系统运行过程中产生的相关数据，可以及时与其他部门共享，反映统战工作相关信息及各项业务推进情况，实现数据可查可清，让统战大数据为学校发展与全党事业做好服务与助力工作。

三是坚持需求导向，落实精准服务。系统以核心业务应用为重点，构建统战工作应用服务体系，满足民主党派成员等党外代表人士建言献策、党派新成员发展、开展思想政治工作等多方面需求。通过设置办事大厅中的建言献策管理、统战荣誉管理、联谊交友管理与教育培训管理等核心业务，实现相关业务线上全过程办理。

四是牢守安全底线，保证自主可控。系统以自主可控为保障，构筑统战信息安全保护屏障。数据安全是信息化建设的底线，系统建设过程中高度重视网络安全问题。通过与信息网络中心的反复研讨，统战系统具备完善的安全体系结构，在系统设计中，充分考虑信息资源的共享，更注意保护信息资源的安全性，针对不同用户采取不同措施，例如系统只针对统战部成员、二级单位统战委员、各民主党派基层组织和统战团体成员开放，并由特定负责人进行系统维护与更新，进一步保证了信息的安全性与系统的稳定性。

三、统战工作系统使用的主要原则

为切实保证统战服务与支持系统的实用性与安全性，在使用过程中严格遵循以下基本原则。

一是方便性。统战系统遵循学校统一身份认证机制和单点登录集成要求，采用以用户服务和认证服务为基础的统一用户管理、授权管理和身份认证体系，将组织信息、用户信息统一存储，进行分级授权和集中身份认证，规范应用系统的用户认证方式。用户可使用校内的统一身份信息登录系统，同时单点登录实现了用户在其他系统登录后无须再次登录，免去了多个账号登录注销的复杂性，方便用户访问使用系统。

二是规范性。系统遵从《北京师范大学信息标准》进行数据库设计，通过学校数据中心同步教职工基本信息，用于用户库的建设及个人基本信息的来源，同时通过数据库视图、Webservice等方式建立数据交换接口，将系统产生的各类重要数据通过增量或覆盖的方式同步至学校数据中心，同时将系统产生的重要消息类数据同步到数字校园门户平台，在指定的位置进行数据呈现，保证各类信息实时更新，进一步提高数据的规范性与准确性。

四、高校统战工作信息化建设的几点思考

一是转变理念，营造管理工作信息化环境。高校统战工作者要充分认识到信息化建设的必要性，既要主动响应时代号召与要求，学习信息化知识、掌握信息化技能；同时也要充分认识到信息化建设的长期性与艰巨性，勇于挑战、迎难而上。打造统战工作管理信息化环境，既要开发系统实现相关业务线上办理，助力统战数据线上查询、分析与汇总；也要充分调动多媒体资源与信息化渠道，借助微信公众号、网站、视频、网络专栏等形式，宣传推进系统使用，实现"建起来"到"用起来"。

二是业务驱动，切实发挥信息化平台实用性。梳理管理体制机制、理清各项业务工作流程，为广大党外知识分子提供便利，是推动系统使用的出发点与落脚点。因此，在信息化建设过程中应防止建而不用，要充分重视平台实用性，以具体业务为驱动，面向特定人群、明确工作流程、细化工作步骤，在真正意义上全方位实现统战工作信息化。

三是统一规划，打通校内各单位数据壁垒。统战工作信息化建设要加强顶层设计，与校内相关单位协同联动，加强交流，着力实现数据共建共享与双向流动，解决信息孤岛与信息鸿沟问题，保证数据的标准化与准确度，进一步提高统战工作准确性与规范化水平。

利用大数据技术推动各项管理工作信息化建设，是提高高校内部治理体系与治理能力现代化的重要路径。提高统战工作科学化、规范化、制度化水平是做好新时代统一战线工作的必由之路。北京师范大学将坚持守正创新、砥砺奋进，为统战工作注入时代元素，让信息技术成为提高统战工作水平的"倍增器"，探索新时代统一战线工作的新模式新方法。

（北京师范大学　廖英　孙秋瑞　段宇宣）

运用好"六个必须坚持"立场观点方法
着力构建高校大统战工作格局

　　党的二十大报告提出了习近平新时代中国特色社会主义思想的世界观和方法论，即必须坚持人民至上、必须坚持自信自立、必须坚持守正创新、必须坚持问题导向、必须坚持系统观念、必须坚持胸怀天下。坚持好、运用好贯穿其中的立场观点方法是继续推进实践基础上的理论创新的根本遵循。习近平总书记强调，"统战工作是全党的工作，必须全党重视，大家共同来做，构建党委统一领导、统战部门牵头协调、有关方面各负其责的大统战工作格局"。高校是统战工作的战略要地，我们要认真学习贯彻落实习近平总书记关于做好新时代党的统一战线工作的重要思想，坚持好、运用好"六个必须坚持"，通过高校大统战工作格局的构建，积极为中国式现代化建设做出高校贡献。

2023年5月，天津大学统一战线纪念"五一口号"发布75周年

一、坚持人民至上，培养汇聚中国式现代化建设的强大人才力量

人心是最大的政治，统一战线是凝聚人心、汇聚力量的强大法宝。做好新时代高校统战工作，要始终牢记全心全意为师生服务的根本宗旨，要坚持充分发挥师生的主体作用，把党的政治优势和群众优势转化为推动一流大学建设的强大动力。

一要凝聚师生人心，全心全意为师生服务。高校统一战线工作要坚持以习近平新时代中国特色社会主义思想为指导，高举爱国主义、中国特色社会主义伟大旗帜，用共同的理想信念激励广大师生，把他们的智慧和力量充分凝聚起来。天津大学党委通过健全民主监督机制、畅通民主监督渠道、定期向党外人士通报工作、鼓励党外人士咨政建言等多种形式听取师生的意见和建议，常态化持续开展"我为师生办实事"，不断将师生个人发展与学科专业发展、学院发展、学校发展，以及中国式现代化建设协调统一，坚持同心同德、同向同行，不断增强师生获得感、幸福感、归属感和自豪感。

二要凝聚师生智慧，发挥师生主体作用。高校党外人士是中国式现代化建设的生力军和蓄水池。天津大学党委围绕中心、服务大局，积极鼓励党外人士建功立业。以教育教学为例，在2022年高等教育国家级教学成果奖评选中，学校共有35项成果获奖，其中党外人士参与的项目获得特等奖1项，一等奖2项。科学研究方面，2022年度天津市科学技术奖评选中，天津大学有20位党外人士参与的项目获奖，其中获得特等奖2项，一等奖6项，党外人士作为第一完成人获得一等奖3项，彰显出党外人士坚持"四个面向"，心怀"国之大者"的担当精神。

二、坚持自信自立，增强党外人士的志气骨气底气

自信自立是中国共产党百年奋斗成功道路的历史经验，是走好中国式现代化道路的必然选择。做好新时代高校统战工作，要引导全体统战成员坚定"四个自信"，积极贡献于高等教育的高质量发展和高水平科技自立自强。

一要坚定"四个自信"，并将其转化为教育自信、办学自信。每个国家的一流大学建设，都是在服务本国发展过程中发展起来的，不能简单照搬国外大学标准和模式，而要扎根中国大地，为中国式现代化培养拔尖创新人才。天津大学"智能医学工程"专业是我国首个智能方向的医学类本科专业，经过5年的发展，初步形成了"医教研一体、医理工融合"的办学模式。天津大学民主党派教师对于新专业的建设和发展，贡献了政协提案、一流课程、国家教学成

果奖等，积极践行教育自信和办学自信，在"四个服务"中实现自身价值追求。

二要促进高水平科技自立自强，充分发挥党外人士聪明才智。高校党外人士具有政治素质高、全球视野广、业务能力强等特点，要充分发挥其聪明才智，在爱国奉献中实现其抱负和理想。近年来天津大学在党的领导下，始终聚焦"一条主线"即打造战略科技力量，致力"两个提升"即质量与水平，把握"三个抓手"即大平台、大项目、大成果的科技工作方针，学校科研指标和核心竞争力持续攀升，其中不乏党外人士的积极贡献和辛勤付出。

三、坚持守正创新，通过巩固圆心扩大半径开展大团结大联合

习近平总书记指出，守正才能不迷失方向，不犯颠覆性错误，创新才能把握时代、引领时代。新时代高校统战工作要求我们要固守"圆心"，凝聚最大向心力，延长"半径"，画好最大同心圆。

一要凝心铸魂强根基，加强对高校党外人士的思想政治引领。高校统战工作首先要深刻领悟"两个确立"的决定性意义，确保统一战线工作始终沿着正确的政治方向前进。天津大学高度重视统战工作，设有统战领导小组，持续加强校党委对统战工作的领导。学校制订了党外人士教育培训三年计划，实现三年一个周期全覆盖；通过重要历史节点做好思想政治引领，利用党委书记宣讲，"北洋同心"讲堂，民主党派和统战团体集体学习，网络培训，民主党派青年说，红色教育实践营等多种形式，引导党外人士在思想上政治上行动上始终同党中央保持高度一致。

二要把握团结奋斗时代主题，巩固发展最广泛爱国统一战线。新时代、新形势、新任务，高校统战工作要在发挥我国社会主义新型政党制度优势、铸牢中华民族共同体意识、坚持我国宗教中国化方向、加强党外知识分子工作、做好海外统战和侨务工作等方面创新工作思路、工作载体和工作平台，形成同心共圆中国梦的强大合力。天津大学着力推动校院联动，广泛凝聚人心和力量。一方面党委统战部送统战知识到基层，提高院级党组织的统战理论素养和政策水平；另一方面构建党外代表人士队伍建设、民族宗教工作、铸牢中华民族共同体意识、港澳台学生事务以及海外统战与侨务工作协调机制，推动大团结大联合。

四、坚持问题导向，有的放矢、目标明确，注重效率和效果

高校统战工作开展好，要坚持问题导向，通过发现问题、研究问题、解决

问题，持续推进高校统战工作不断向前发展。

一是要解决对统战工作不重视的问题，提高责任感使命感。纠正对于统战工作的错误认识，明确做好高校统战工作，既事关政党关系、民族关系、宗教关系、阶层关系、海内外同胞关系等"五大关系"和谐稳定，也事关高校"四为"方针的落实。天津大学的统战工作，始终对标对表"国之大者"，牢牢把握新时代爱国统一战线的历史方位和承担的重要使命，努力做到党的中心工作推进到哪里，高校统一战线就跟进到哪里，智慧和力量就汇聚到哪里。

二要解决统战工作不会做的问题，增强工作能力和效率。高校统战工作政治性强、政策性强、艺术性强，面对的统战对象层次高、专业强、思想活跃、异质多元、个性鲜明，如何运用好统一战线这个"海龙王的法宝"，是高校各级党组织面临的一个重要问题。天津大学党委一方面将统战理论政策学习纳入学校党委中心组、院级党委中心组重要学习内容，持续提高各级干部处理各种复杂敏感问题的水平和能力；另一方面不断完善学校统战工作体制机制，压实主体责任，加强对基层党组织统战工作的指导，将统战工作纳入基层党组织的评价考核，纳入巡视巡察监督，努力推动形成统战工作良好的工作局面。

五、坚持系统观念，放眼全局和长远，服务学校事业整体发展

习近平总书记指出，"系统观念是具有基础性的思想和工作方法。"在高校统战工作中坚持系统观念，要求我们把握好全局和局部、当前和长远、宏观和微观、特殊和一般的关系。

一要提高政治站位，从全局和战略思考，服务一流大学建设。完善大统战工作格局，需要增强系统思维，立足党和国家战略全局进行思考、谋划、研究和部署。统一战线要在尊重多样性中寻求一致性，关键在于求同存异、聚同化异。当前，高校统一战线肩负积极促进政党关系、民族关系、宗教关系、海内外同胞关系和谐的重要任务，工作范围和对象众多，这些对象各具特点和利益诉求，同时又共同为一流大学建设献计出力，因此要从整体、全局上思考，团结一切可以团结的力量。

二要主动应对变局，从长远和动态思考，提高前瞻性和预判性。主动应对世界百年未有之大变局，要以科学思维认识完善大统战工作格局，科学谋划体制机制变革，要以创新思维，在传承发扬的前提下与时俱进、创新发展。当前高校统战工作面临的时与势、机遇与挑战都在发生重大的变化，新趋势、新问题、新苗头层出不穷，这要求我们坚持系统观念，不断更新理念和知识，不断研判发展趋势和前景，不断进行推演和模拟，不断分析风险和威胁，持续加强

党对统战工作的全面领导，积极防范化解重大风险隐患。

六、坚持胸怀天下，为构建两个共同体贡献高校统战力量

团结统一的中华民族是海内外中华儿女共同的根，博大精深的中华文化是海内外中华儿女共同的魂，实现中华民族伟大复兴是海内外中华儿女共同的梦，高校统战工作要为构建中华民族共同体和人类命运共同体发挥重要作用。

一要铸牢中华民族共同体意识，加强和改进高校民族工作。铸牢中华民族共同体意识是习近平总书记作出的重大原创性科学论断，高等院校是人才培养的重要阵地，要推动铸牢中华民族共同体意识融入人才培养、科学研究、社会服务等各个方面。天津大学建立了民族宗教工作协调机制，通过做好思政教育领航，铸牢"思想魂"；通过引导少数民族学生身心健康成长，浇灌"团结根"；通过提升学生培养质量，开好"进步花"；通过促进就业创业，结出"人才果"；通过共同学习生活，搭筑"交流桥"；通过全过程融入，有形有感有效地铸牢中华民族共同体意识。

二要助力推动构建人类命运共同体，持续增强国际影响力和竞争力。学校事业发展要与国家、时代、世界、经济社会发展紧密结合。由天津大学生物安全战略研究中心与美国约翰斯·霍普金斯大学、国际科学院组织共同牵头完成的《科学家生物安全行为准则天津指南》是第一个以中国地名命名，内容以中国倡议为主的生物安全国际倡议，经由在联合国《禁止生物武器公约》第八次审议大会上提出，到在《禁止生物武器公约》第九次审议大会上持续推广，这是学校无党派人士与团队一起为国际社会提供的一项恰逢其时的国际公共产品，得到了国际社会各方的普遍欢迎和高度关注，2023年被列入外交部发布的《全球安全倡议概念文件》与《关于全球治理变革和建设的中国方案》。

（天津大学　张俊艳　王莹　刘涛）

建立五大体系　加强统战理论研究
——复旦大学整合力量服务统战理论创新的探索与实践

复旦大学一直以来是党外代表人士集聚的重镇，有着光荣的统一战线工作传统。2005年，根据《中央统战部关于在全国建立统一战线理论研究和教育基地的通知》精神，中共上海市委统战部与复旦大学党委联合组建了中国统一战线理论研究会统战基础理论上海研究基地。2009年，又在原有基地基础上增设中国特色社会主义统一战线理论研究基地。

复旦大学统战研究基地部分成果受到表彰

党的十八大以来，两个研究基地（以下简称"基地"）在习近平总书记关于做好新时代党的统一战线工作的重要思想的指导下，在中央统战部和上海市委统战部的领导下，紧密结合统一战线工作实践和问题，有重点有规划地对统战工作若干重要领域加强研究，在理论创新、政策建议、资政育人等方面取得了突出成绩。复旦大学党委深入学习贯彻习近平总书记关于做好新时代党的统一战线工作的重要思想，深入贯彻《中国共产党统一战线工作条例》，着力将广大党外知识分子凝聚在党的事业周围，凝聚在加快"第一个复旦"建设的旗帜下，同时整合各方面力量强化统战理论创新，为实现"两个一百年"奋斗目标和实现中华民族伟大复兴中国梦凝心聚力、奋勇争先。自成立以来，基地先后23次荣获全国统战理论研究优秀成果一、二、三等奖和优秀奖，7次获得中国统一战线理论研究会研究基地"流动奖杯"并永久保存该奖杯。

在多年的探索实践中，基地形成和完善了五大工作体系，不断提升服务统战理论创新的工作水平。

一、建立制度体系，推进制度化建设

一是领导制度。基地自成立起，就建立了一整套有效的领导制度。复旦大学分管统战工作的校领导任基地主任，上海市委统战部分管领导任基地副主任。复旦大学从事统战理论研究的著名学者任基地专家委员会主任，构成了基地领导制度中的"大三角形"结构。在日常工作层面，上海市委统战部研究室主任担任基地秘书长，复旦大学专家学者任基地副秘书长，复旦大学党委统战部和基地行政秘书负责基地服务保障，成为基地领导之中的"小三角形"结构。近20年来，这套"三角形"领导制度发挥了上传下达、市校沟通、资源整合的显著作用。

二是工作制度。基地成立之初，即明确"以制度建基地，以制度兴基地，以制度发展基地"的工作思路，逐步建立了一整套工作制度。包括基地工作会议制度、基地沙龙制度、基地经费使用与管理制度、基地日常管理制度、基地简报制度、基地博士后招聘制度、基地年会制度等。19年来，基地工作制度日臻完善，形成了保障运行的良好基础。

三是经费保障制度。中央统战部从2020年开始，将资助经费从每年5万元增加到每年10万元。上海市委统战部将基地经费纳入上海市财政范畴，确保财政支持到位，每年拨付支持经费40万元。基地自2017年起纳入到复旦大学"双一流"基地建设项目，至2021年共获支持研究经费80万元。此外，复旦大学国际关系与公共事务学院每年也支持5万到15万元的研究经费。整体上使基地经费运行具有了制度保障。

二、建立刊物体系，掌握国内外统战前沿信息

一是编辑《统战研究文摘》，为统战系统领导干部和统战理论研究工作者了解动态、扩大视野、掌握前沿服务。基地自2006年开始编发《统战研究文摘》月刊，每期文字量5万字左右，至今已发行228期，成为基地品牌刊物。

二是编辑《海外统战研究文摘》，为中央统战部和上海市委统战部了解国外中共统战理论研究动态服务。基地于2018年创办《海外统战研究文摘》，每月1期，译载国外学者关于中共统一战线的研究文章，至今已发行55期。基地以《海外统战研究文摘》工作为基础撰写的内参报告，曾获中共中央办公厅单篇录用。

三是出版"统一战线理论与实践前沿"系列丛书。基地自2007年开始编辑统一战线理论与实践前沿年度报告，2010年开始公开出版，构成了"统一战线理论与实践前沿"的年度系列丛书，产生了较大影响。此外，基地发表统战相关论文300余篇，其中多篇被《新华文摘》及人大报刊复印资料进行转载。

四是编辑《沪讯》。基地围绕某一主题每月召开一次统战理论研讨沙龙，并通过沙龙等方式收集专家学者和一线统战工作者的观点言论，编撰《沪讯》简报和专报供领导参阅。截至目前，基地共编发《沪讯》简报85期，专报10期。

五是编辑《工作通讯》。基地每季度编辑《工作通讯》，向中央统战部和上海市委统战部定期汇报基地工作内容，反映专家观点，记录基地重要工作。至今已编辑发行19期。

六是启动海外统战研究专著翻译工程。基地非常关注海外相关统战理论研究。从2020年开始，基地每年编译1部经典的海外统战研究著作，推进海外统战著作引介常态化。基地海外统战研究的"一刊一书"的研究品牌各有侧重，"刊"（即《海外统战研究文摘》）注重时效性、前沿性；"书"（即海外统战研究著作）注重整体性、学理性。

三、建立政策咨询体系，发挥高端智库功能

一是承接中央统战部下达的指定研究课题，为中央统战部领导决策服务。基地成立19年来，每年都承担中央统战部指定课题。至今共承接完成了中央统战部指定的课题20余项。课题成果多次荣获全国统战理论研究优秀成果表彰，部分文章被中央统战部《调研参考》收录，供领导决策参考。

二是完成政策咨询报告，为中共上海市委和上海市委统战部领导决策服

务。基地成立以来，在深入研究基础上提交了多篇政策咨询报告，多项成果获相关批示。2021年4月，中央统战部研究室安排全国其他10个研究基地在复旦大学召开现场会，推广复旦大学统战研究基地工作经验和运作模式。

三是根据全国哲学社会科学规划办公室要求，上报多项专题建议。2021年，中央统战部结合全国哲学社会科学规划办公室的相关工作安排，要求基地提交内参报告。基地先后完成上报《百年来党领导统一战线工作经验研究》《新时代统一战线中的一致性与多样性研究》两篇报告。前者获得中央领导同志批示，全国哲学社会科学规划办公室为此专门向复旦大学党委发来表扬函。后者也得到了中央统战部高度重视，被刊登于中央统战部《调研参考》。

四、建立政府服务体系，指导统战工作实践

一是举办上海市统战系统领导干部理论培训班。基地自2006年以来共举办了7届统战系统领导干部理论培训班。培训班邀请上海市统战系统领导干部参加，师资主要由基地专家、上海市委统战部有关领导和全国相关著名专家学者担任。

二是加强与上海市区级统战部等部门合作，坚持理论与实践相结合。近年来，基地先后与上海市浦东、黄浦、青浦、静安、普陀、杨浦、虹口、嘉定等区开展合作，召开统战理论研讨沙龙，联合开展课题研究。2014年基地与浙江省社会主义学院、中共中央党校党建部签约共建。2017年基地与民盟上海市委签订合作协议。

三是在上海市部分区委统战部和统战系统单位建立实习基地。2018—2019年，基地与市侨联合作，派遣学生赴市侨联实习。2019年与杨浦区社会主义学院签订学生实习协议。2019年开始，基地每年派学生赴上海市委统战部研究室实习。2023年，基地与杨浦、虹口、嘉定等区签订协议，成立多个校外实践点。

五、建立人才培养体系，培养统战理论研究人才

一是培养统战方向研究生。基地依托复旦大学相关学科理论研究优势，招收培养统战方向研究生。在学科建制上，初步形成了"统战学"与"统战史"双线推进的分布格局。其中，基地依托国际关系与公共事务学院政治学系招收的研究生，主要侧重统战学方向的培养；依托马克思主义学院中共党史专业招收的研究生，则主要偏重统战史方向的培养。

二是开设统一战线学课程，加大学生培养力度。目前，基地依托马克思主

义学院开设了"中国共产党与统一战线"博士公选课、"中国政党制度专题研究"和"共产国际与中国革命"两门硕士公选课以及"中国政党制度史"本科生专业进阶课，初步形成了研究视野广泛的统一战线学课程体系。

三是设立全国首个博士后工作站，培养从事统战理论研究的博士后。基地设立了全国11个研究基地中唯一的博士后工作站，挂靠于复旦大学政治学博士后流动站。截至目前共招收15名博士后，取得了突出的人才培养成果。

（复旦大学　肖存良）

加强领导　广泛动员
扎实做好高校统战调研工作

　　为深入学习贯彻习近平总书记关于做好新时代党的统一战线工作的重要思想，积极探索新时代高校统战工作的新思路、新举措、新方法，上海交通大学大力推进统战调研工作。近3年，组织申报各级统战理论研究课题150多项，完成调研报告90多篇、决策咨询报告340多份，组织申报上海高校统一战线实践创新项目40项，出版统一战线历史研究著作《思源·同心——上海交通大学统一战线工作纪实》（40万字）。多次获上海市统战理论研究创新成果优秀组织奖（一、二、三等奖），上海市统战信息工作先进单位，在《中国统一战线》《上海市社会主义学院》等期刊发表论文多篇，形成一批有质量、有见地、有对策的调研成果。

2019年12月，出版《思源·同心——上海交通大学统一战线工作纪实》

一、加强领导，广泛动员，健全组织保障

上海交通大学高度重视统战调研工作，将统一战线理论研究作为年度工作重点，积极组织各民主党派、统战团体及院系党组织申报中国高等教育学会统战工作研究分会、上海市委统战部、上海市教卫工作党委统一战线调研课题，申报全国和上海市哲学社会科学课题。2023年，上海新时代党的统一战线上海交通大学基地正式挂牌成立，学校党委分管统战工作领导担任基地主任，各有关学院大力支持，及时承担上海市统一战线研究重点课题。学校高度重视学校统一战线历史的研究，对1949—2019年上海交通大学统一战线的历史进行了深入梳理和研究，出版了图书《思源·同心——上海交通大学统一战线工作纪实》，校党委书记亲自撰写序言。

二、突出重点，围绕中心，营造调研特色

上海交通大学根据上海市委统战部要求，结合高校基层统战工作的重点、难点问题，每年年初发布《上海交通大学关于开展统战调研课题申报工作的通知》，对学校统一战线调研课题申报办法、相关要求、时间安排、期中检查、提交报告等环节提出要求。一是结合学校港澳台工作特点，开展港澳台侨海外统战研究，完成上海市委统战部重点课题"新时代沪港澳青年交流问题研究""香港特区政府购买社会组织服务研究——以沪港青年交流项目为例"，以香港林村和上海闵行旗忠村为标本，完成"村民自治的现代化之路——沪港两个村庄的比较"及"在沪港澳台学生历史教育现状及提升路径——基于上海交通大学的实证研究""在沪港澳台学生思想状况的现状调查分析""在沪港澳台学生国情认知现状及提升路径"等课题，获市委统战部统战政策研究优秀成果一等奖、二等奖。二是结合党外知识分子思想特征，开展党外知识分子思想引导和党外代表人士队伍建设研究，完成了"'双一流'高校党外知识分子思想政治工作研究""新时代民主党派履行参政党职能研究""党外代表人士培养工作新情况新要求与对策分析""高校院系统战工作的实践与探索"等课题，获上海市教卫工作党委系统统战理论研究优秀组织奖、优秀成果一等奖、二等奖；三是结合统战工作前沿问题，开展智库研究。组织专家完成了"加强统一战线智库建设的探索与研究"，荣获市委统战部优秀成果奖。此外，还结合少数民族人才培养、留学归国人员、精准扶贫等工作，有重点地开展相关领域研究。

三、实践创新，发挥专长，彰显各方优势

上海交通大学坚持理论与实践、传统与创新、保质与保量并重的原则，推进新时代高校统战调研工作。一是发挥专业优势，针对专业性较强的研究课题，主动联系相关领域的专家、教授组成专题调研组，开展创新理论型调研，提升理论研究水平。如关于沪港课题研究，主动联系在该领域有深入研究的国际与公共事务学院专家承担研究任务；在智库建设方面，邀请法学院教授承担相关研究任务。二是注重群体特色，针对内容范围界定明确的调研课题，支持各民主党派、团体等根据自身发展的特色和优势开展研究，提高调研课题服务学校内涵建设和社会发展的针对性。如邀请交大知联会会长、设计学院常务副院长联合闵行区知联会，联合开展党外代表人士队伍建设方面的课题研究，民建、民进、九三学社等结合自身特点积极承担民主党派基层组织建设及发挥参政议政职能等方面的研究，呈现出前所未有的热情。三是鼓励创新实践，针对院系基层统战、高校宗教渗透、高校沪港统战工作等难点问题，鼓励基层院系、机关干部结合自身工作的优势开展创新性研究，探索高校基层统一战线的新思路、新方法、新举措。一些院系党委书记、院长、一线教师、基层青年管理干部加入统战理论研究行列，带来了基层统战研究一线资料和新鲜经验。

四、整合资源，广泛参与，壮大调研队伍

高校统一战线工作涉及方方面面，上海交通大学坚持全校动员，多方参与，协同推进的方式，合力加强统战调研工作。一是以上海新时代党的统一战线上海交通大学基地为载体，整合不同学院、不同学科专家优势，建立了40多人组成的专家团队，梳理出5个研究方向。二是发挥统战部把握政策的优势，统一下发文件、统一推进进度、统一检查总结，统筹推进统战调研工作；坚持工作延伸，发挥基层院系一线党务工作者熟悉情况、实践丰富的优势，开展基层统战工作实证调研；发挥学校宣传、组织、教师工作部、人事等部门的条线工作的优势，分别开展新媒体统战宣传、网络统战党外知识分子思想政治工作、党外代表人士培养、海归人员统战等方面的研究。三是加强与上海市闵行、徐汇等区委统战部、社会主义学院的合作共建，将理论研究与社区统战、园区统战、非公经济统战等实践相结合，不断探索基层统战特色；与上海各高校合作，凝练统一战线实践创新品牌，组织出版《上海高校统一战线实践创新案例集》。与上海教育电视台合作，把统战理论研究优秀成果和创新案例拍成短视频在电视台播放。通过党内外广泛动员，弥补了统战理论研究方面的不

足，形成从学校各级领导到基层，从专家学者到普通教师，从机关到院系，从党内到党外全面关心统战、参与统战研究的大好局面，拓宽了统战理论研究参与面，壮大了统战理论研究队伍，为深入开展基层统战调研奠定了基础。

五、机制激励，资金配套，提升调研动力

为了提高全校统战调研工作人员的积极性，上海交通大学制定了统战理论研究申报和激励机制。学校大胆尝试，率先设立了上海交通大学姚征沪港交流奖励基金（300万元），每年以基金收益部分作为奖励交大在沪港交流工作中做出突出贡献的优秀管理人员和沪港交流相关学术研究，鼓励专家学者参与统战理论调研。同时，交大每年年初列出专门预算大力支持统战调研工作，将上海市委统战部、上海市教卫、上海市各区和学校内部课题进行分类，对完成上海市委统战部、市教卫党委及有关区立项课题，经学校统战部审核合格后，给予一定的配套经费支持。

通过以上举措，上海交通大学健全了统战调研工作的领导体制、队伍力量、研究机制、激励机制，激发了基层院系党务干部、机关干部和统一战线成员从事统战调研工作的积极性，提高了专家教授对统战理论研究的关注度、参与度和研究深度，汇集了一支爱国统一战线理论研究的工作队伍，产生了一批高质量的统战调研成果，形成了通过调研促进工作、通过工作推动调研的统一战线良性互动局面，为巩固、发展和提升新时代高校统一战线工作水平提供了理论支撑。

（上海交通大学　刘自勋）

抓好"三个关键"
切实发挥网络统战工作主渠道主引擎主阵地作用

　　湖南大学作为湖南省网络统战工作试点单位，深入贯彻落实习近平总书记关于网络统战工作重要指示精神，着力从制度建设、梯队建设、载体建设三个关键，扎扎实实抓好网络统战工作，切实发挥主渠道、主引擎、主阵地作用，大力推动新时代高校统战工作高质量发展。近年来，学校荣获"湖南省统战理论研究先进单位""全国统战工作实践创新成果奖""全国民族团结进步模范集体""湖南省统战工作实践创新成果"等多项荣誉。

2023年11月，湖南大学在湖南省网络统战优秀论文和案例评选活动中荣获组织奖

一、抓好机制体制建设这一关键保障，落实"主渠道"

一是加强大统战工作格局。加强党对统一战线的领导，出台《关于进一步加强统战工作的实施意见》《湖南大学统一战线应知应会工作手册》《统一战线互联网工作群组管理办法》等文件，建立健全党委领导、党委统战部门牵头、各有关部门单位各负其责的协调联动机制。形成基层统战"一委一员"工作体系，扎实开展"一院一访"。二是健全工作机制。充分发挥学校作为中国高等教育学会统战工作研究分会常务理事单位、省统战理论研究基地和高校统一战线工作创新中心等优势，实施"理论学习、平台搭建、主题教育、特色活动、实践锻炼"，重点抓好"统一战线门户网站建设""统战网络安全管理""统战网络舆情引导与监督"等。三是强化特色抓引领。开展"基层统战工作特色示范点建设"试点，材料、信科、土木、金融、经贸、电气、岳麓书院等学院形成了网络建言献策讲堂、网络民族团结创建、网络移动思政课堂等示范创建。积极开展线上线下"五学两助"主题活动，工作被省级媒体累计报道50余次，经验做法在全国性会议上交流发言3次。近年来，荣获"全省统战工作实践创新理论成果一等奖"1项（全省仅2所高校获奖），入选高等教育学会统战分会经典案例2项。获批立项全国高等教育学会统战分会项目1项（全国23项）等。立项"智能传播时代网络统战工作的契机、挑战和应对策略研究"等省委统战理论研究重点项目10项，一般项目40项，获省级奖项20项。

二、抓好统战队伍这一关键主体，强化"主引擎"

一是抓"关键少数"，强化组织领导。配齐建强网络统战工作力量，落实统战部部长"入常"规定，党委常委、副校长担任统战部部长，部门配备正处级常务副部长1名、副部长1名、科长2名。27个学院全部配齐专（兼）职统战委员、干事。按照上级要求，确定重点培养的党外代表人士共72人，以谭蔚泓院士为代表的一批优秀党外学者列入"湖南省党外百千万人才计划"。实施"骨干培优"工程，推荐民主党派、统战团体和无党派知识分子骨干参加中央和省委组织的各级各类干部调训137人次。二是抓储备管理，强化培养使用。完善人才库建设，把网络代表人士队伍建设纳入学校统一战线代表人士队伍建设总体规划，建立联合推荐机制，做好网络统战人士发现培养、管理使用。定期组织统战干部和网络人士专题学习培训，讲好"湖大故事"，传播好"湖大声音"。近两年，学校民盟、民建、农工党先后被所在民主党派中央授予先进集体称号，10人被所在民主党派中央授予先进个人称号，47人获所在民主党派省委先进个人表彰，7个民主党派获省级先进集体荣誉多项。三是抓能力提升，强化专项指导。积极开展网络文明教育和网络法制教育。出台《湖南大学网络安全事件应急管理规定》等文件，把文明用网作为统战工作重要内容。开展"党委出题、党外调研"和党派团体揭榜挂帅活动，推动成立学校首个省政协委员工作室，有效引导党外知识分子与学校发展同心同向。

三、抓好创新载体这一关键任务，筑牢"主阵地"

一是创新平台突融合。充分发挥国家超级计算长沙中心平台和算力资源优势，依托国家保密学院和网络安全一级学科博士点，加强网上"同心会客厅"、线下"同心活动室""网络统战研究智库"等载体建设，建设了"学习新语""他山之石""专家解读"等学习资源库，增进了网络人士价值认同，凝聚了网络人士思想共识，推动网络人士从"网络人"到"统战人"的转变。近两年，向中央和地方提交议案提案117项，69项获批示、采纳，其中国家部委采用18项，民主党派成员获省级及以上表彰40人次。二是创新载体抓引领。深入做好校院两级联系交友工作，通过"网上同心讲堂""线上同心沙龙""网上社会主义学院"等载体，构建起日常线上学、骨干集中学、各级人大代表、政协委员议政建言能力培训、跨党派跨学科主题沙龙等培训体系，举办主题讲座沙龙7期，辐射近千人次。九三学社社员陈浩教授带领信息学院、岳麓书院和超算中心等跨学科协同创新团队，在推出的数字人朱熹V1.0版基础上，推出"岳麓新讲：一场跨越千年时空的对话"并代表湖南省亮相2023中国（深圳）国际文化产业博览交易会。三是创新方法提实效。坚持"将虚拟环境做实""将传统工作入网""将线下线上打通"的思路，积极推进"三个融入"。通过专题网页、网络征文、网络感言、网络知识竞赛、网上交心谈心、微点评等方式，开展"党委出题、党外调研网络成果展""党派团体一委一访网上巡礼""代表委员网上资政培训"等专题活动，将资政载体创新实践融入网络。《抓好"三个关键"切实发挥网络统战工作主渠道主引擎主阵地工作作用》被《湖南教育快讯》单篇刊载，相关经验做法受到省委统战部、中央统战部推介。

（湖南大学　彭嘉芬　李佳）

完善大统战工作格局
推动落实统战工作责任制

习近平总书记在党的二十大报告中指出："人心是最大的政治，统一战线是凝聚人心、汇聚力量的强大法宝。完善大统战工作格局，坚持大团结大联合，动员全体中华儿女围绕实现中华民族伟大复兴中国梦一起来想、一起来干。"华南理工大学深入学习贯彻党的二十大精神、全面贯彻习近平总书记关于做好新时代党的统一战线工作的重要思想，提高政治站位，压实主体责任，形成党委统一领导、统战部牵头协调、有关方面各负其责的大统战工作格局，通过不断增强"四个意识"、坚定"四个自信"、做到"两个维护"，团结引导学校统战成员建功立业，凝心聚力助推学校统战工作高质量发展。

2020年9月，举行"华园同心 颂歌献祖国"——华南理工大学统一战线
庆祝新中国成立70周年联欢晚会

一、完善新机制，构建大格局

建立更为全面的工作制度。建立以党委书记为组长的统战工作领导小组，党委统战部牵头，相关职能部门和学院参与，形成齐抓共管的强大合力。制定新时代下统战工作实施意见，建立二级党委联系党外代表人士制度，在每个二级党委设立统战委员和统战工作联系秘书，为加强党外知识分子思想政治工作及加强无党派代表人士队伍建设提供制度保障。建立民族与宗教工作领导小组，整合资源，形成统战、宣传、保卫、学工多部门协同，党团组织和思想政治教育工作队伍共同发挥作用的工作局面。建立更为畅通的联系制度。建立党委常委联系民主党派组织和群众团体及党外代表人士工作制度、校院两级"谈心周"制度，学校党委通过广交友、打交道，促进党外人士政治上同向，思想上同心，行动上同行。学校领导在重大节日探望党外代表人士以及人大代表、政协委员等，与他们谈心谈话，关心他们的生活和工作。建立更为科学的培养制度。推荐党外代表人士担任各级人大代表、政协委员及政府参事，同时建立组织统战部门联席会议制度，科学推荐德才兼备的党外骨干、青年骨干担任中层领导和挂职锻炼等。稳步推动民主党派基层组织健康有序发展，各民主党派基层组织及一批优秀民主党派成员获得民主党派中央和广东省委表彰。建立更为广泛的引导制度。对青年党外知识分子、海归人才加强引导。发挥无党派人士优势作用，结合自身专业优势开展考察和实地调研，领悟党中央治国理政新理念、新举措。做好对侨服务，拓展与地方侨联联动，不断增进归侨对国家的情感与认同。增强港澳联谊会的凝聚力和向心力，推动港澳联融入粤港澳大湾区的建设和发展。

二、丰富新载体，推动大学习

搭建学习平台，提升整体素质。建立"民主党派、群众团体办公楼"作为每个党派、团体工作和学习的场所；创设学习平台"同舟讲坛"，定期邀请校内外专家、本校党外代表人士作为主讲嘉宾，围绕统战工作相关主题以及国家战略、地方经济文化建设、中华传统文化等主题，组织开展学习交流。创设交流平台"同心有约"平台，定期邀请统战对象线下交流谈心、了解诉求、排忧解难、促进认同。开展学习培训，增强理想信念。有针对性地推荐党外代表人士参加各级统战部门、各民主党派中央、省委员会和社会主义学院组织的培训以及革命传统教育实践活动，为他们创造学习条件。推荐党外代表人士参加各类培训以及革命传统教育实践活动，组织党外代表人士赴重庆考察调研，赴大别山干部学院、红旗渠干部学院集中学习培训；依托广东省社会主义学院在河源市、梅州市举办统一战线骨干、中青年党外知识分子骨干培训班、民主党派新成员专题培训班等，结合党史学习教育，邀请省内、校内专家作多场专题辅导报告会，提升政治素养。通过集中学习、座谈研讨、印发手册、辅导报告、问卷测试，普及宗教知识和政策法规，提高对学校民族宗教工作政策把握和认知。开展主题活动，促进核心凝聚。支持民主党派加强自身建设，先后组织党外代表人士参观"大潮起珠江"展览、"两弹一星"精神博物馆、海丰红宫红场纪念馆、邓演达纪念园、黄埔军校旧址纪念馆、华侨博物馆等教育基地，统一思想认识，巩固政治基础。组织各民主党派开展"矢志不渝跟党走、携手奋进新时代"政治交接主题教育，增强同中国共产党团结合作的政治责任感和历史使命感。确保中国共产党领导的多党合作事业薪火相传。开展"主委讲党史""实践教学"等党史学习教育，学四史、诵经典、寻初心，听诉求、解难题、促认同，鼓励党外知识分子弘扬爱国奋斗精神，建功立业出新出彩，做到"学史明理、学史增信、学史崇德、学史力行"，为实现中华民族伟大复兴的中国梦凝心聚力。加强学习研究，提高工作水平。组建拥有多学科、多层次人员的研究团队，在广东省委统战部和省政协的支持下成立统战、政协等3个理论研究中心（基地），承办全国统一战线理论专题研讨会，申报多项省级统战、政协理论研究课题，并多次获得全国以及广东省统战理论与政策研究创新成果奖、优秀组织单位、信息工作优秀单位表彰，出版3部理论书籍，为统战工作创新提供理论支撑。

三、立足新时代，培养大先生

牢记初心立德树人担使命。强化教书育人使命回归，开展学习宣传贯彻党的二十大精神专题学习，召开"牢记使命、立德树人"座谈会，线上线下宣传潜心为学、立德树人的先进事迹，引导更多党外代表人士为党育人、为国育才。组织归国人员学习贯彻习近平总书记给南京大学留学归国青年学者回信精神，组织知联会成员开展"喜迎二十大，同心跟党走"专题学习活动，切实做好团结引导和关怀爱护，凝心聚力推动学校"双一流"和国际校区建设，助力学校跨越式发展。推动科技自立自强创佳绩。引领党外代表人士坚持"四个面向"，紧密对接国家和区域战略性新兴产业和产业升级需求，主动回应科技创新的重大时代命题，服务国家战略、引领区域发展。近年来，获多项国家科学技术进步奖，专利达1000多项，取得国际有影响力的成果33项。围绕科技创新，加快粤港澳大湾区制造业转型升级、占据未来制造业及相关产业发展的主导权、进一步提升广东省在国家经济发展和全方位开放中的引领作用。履行职责立足本职建新功。支持民主党派成员挑大梁、当主角，组织党外专家助力脱贫攻坚和乡村振兴，到学校定点帮扶地点开展教育、科技和医疗帮扶工作。协助做好疫情防控工作，向国家级、省级主流媒体及时报送疫情防控信息和建议，积极参与"党员突击队""青年突击队"，通过不同的渠道捐赠款物，包括向武汉捐赠10吨茶树消毒液，向海外捐寄抗疫物资等。近年来，被各党派中央表彰奖励2项，被省级以上表彰先进个人28人次。

四、运用新媒体，开展大宣传

弘扬主旋律、传播正能量。利用学校官网官微的影响力推出系列报道，宣传党外代表人士爱国报国的先进事迹。宣传学校"庆祝香港回归20周年20人"，努力讲好爱国故事。学校"建设者"专栏，通过采访对学校做出贡献的优秀党外代表人士，树立榜样号召广大师生向他们学习。挖掘历史资源，讲好统战故事。在新中国成立70周年之际，推出"祖国，我回来了——人物专栏"，讲述党外代表人士奉献祖国的心路历程；在中国共产党建党100周年之际，推出"各民主党派与中国共产党同心同德、同心同向、同心同行""不忘初心、砥砺前行、永远跟党走"两个专栏，分享党派团体与中国共产党同舟共济的故事及党外代表人士在党的指引和培育下成长的心路历程，通过专栏的推出，以此激发、鼓励和坚定广大党外知识分子爱党爱国奉献祖国的信心和决心。线下齐驱并进，营造浓厚氛围。印制学习手册，出版工作简讯，图文并茂地传递统战知识，增进全校师生对统一战线的了解。举办"华南理工大学统一战线献歌给党听、永远跟党走"快闪活动，深情表达对中国共产党的热爱之情。举办"同舟聚伟力 一心跟党走"红歌晚会，学校统一战线成员齐唱红歌颂党恩，在歌声中致敬中国共产党领导下的统战光辉历程，致敬在百年统战奋斗史中作出杰出贡献的先贤和先驱，引领统战成员回望初心征程，感悟伟大建党精神。

（华南理工大学　王丹平　董力瑞　彭淼）

高校统战工作实践探赜

着力构建统战工作目标体系
有效彰显统战法宝强大作用

《兰州大学统一战线"庆祝中国共产党成立100周年·百年初心共砥砺
千秋伟业同青春"系列笔谈》部分海报

习近平总书记在中央统战工作会议上指出："统一战线是党克敌制胜、执政兴国的重要法宝，是团结海内外全体中华儿女实现中华民族伟大复兴的重要法宝，必须长期坚持。"高校历来是党的统战工作的重要阵地和展示统一战线法宝作用的重要窗口。进入新时代，高校统战工作呈现出点多线长面广的特点，对工作的科学化规范化制度化水平要求越来越高。兰州大学党委深入学习贯彻落实习近平总书记关于做好新时代党的统一战线工作的重要思想，以《中国共产党统一战线工作条例》为基本遵循，着力构建"六个度，六个起来"的统战工作目标体系，全面提升学校统战工作的科学化规范化制度化水平，推动学校统战工作在新时代新征程焕发出新光彩。

一、坚持党的集中统一领导抓制度，推动学校统战工作在政治上强起来

牢牢锚定"统战工作是全党的工作，必须全党重视，大家共同来做"这一要求，健全完善统战工作运转机制，有效提升校院两级党组织和负责人的政治判断力、政治领悟力、政治执行力。通过党委理论学习中心组学习、邀请校外专家辅导讲授等方式认真学习习近平总书记关于做好新时代党的统一战线工作的重要思想，及时学习习近平总书记的最新重要讲话和党中央有关文件、会议精神，坚持从事关人心向背和力量对比的政治高度来认识和把握统战工作，形成"学校是开展党的统战工作的重要单元、涵育党外人才的重要源头、铸牢中华民族共同体意识的重要家园、维护意识形态安全的重要阵地"统战工作定位。先后出台《中共兰州大学委员会关于进一步加强统一战线工作的意见》《兰州大学党外人士校内挂职工作管理办法》《兰州大学关于加强铸牢中华民族共同体意识工作的实施方案》等制度文件，将统战工作纳入校内巡视、党建工作督查的重要内容，明确校院两级党组织和相关部门的统战职责，推动学校统战工作由"部门视角"向"党委视角"转变，构建起了"统战部灵动、职能部门传动、中层党组织发动、与地方部门联动、与社会大众互动、对统战对象促动、整体上协动"的大统战工作格局。

二、重视党外知识分子工作提高度，推动学校统战工作在内涵上实起来

牢牢把握"党外知识分子工作，是统一战线的基础性、战略性工作"这一论断，做深做细做实习近平新时代中国特色社会主义思想理论武装和共识凝聚工作，把以习近平同志为核心的党中央对高等教育事业的关切、对广大教师的

关怀传播到广大党外知识分子中，千方百计把党外知识分子团结凝聚在党的周围。先后组织300余名党外代表人士赴重庆、大别山、井冈山、红旗渠等地开展集中培训，举行"学习黄大年双岗建功"系列活动，举办"兰州大学'坚守在西部、奋斗为祖国'党外知识分子建功立业新时代"讲述会，开展兰州大学统一战线庆祝中国共产党成立100周年"百年初心共砥砺、千秋伟业同青春"系列主题征文活动和"在西北办好一流大学推动新时代兰州大学高质量发展思想大讨论"活动，在新华社、中央电视台、《人民政协报》等权威媒体推出留学归国人员和优秀政协委员的先进事迹，构建起了以统战成员日常学习培训、党外知识分子骨干集中培训、习近平新时代中国特色社会主义思想专题培训、各级政协委员议政建言能力培训、"自己讲自己"榜样示范宣讲等为主要内容的培训体系，显著增强了广大党外知识分子对中国共产党和中国特色社会主义的政治认同、思想认同、理论认同、情感认同。

三、支持民主党派自身建设强力度，推动学校统战工作在效能上灵起来

牢牢维护"中国共产党领导的多党合作和政治协商制度是中国特色社会主义新型政党制度，是我国的一项基本政治制度"这一创见，支持帮助学校各民主党派基层组织和统战团体加强自身建设，做到双岗建功。按照习近平总书记提出的"中国特色社会主义进入新时代，多党合作要有新气象、思想共识要有新提高、履职尽责要有新作为、参政党要有新面貌""做中国共产党的好参谋、好帮手、好同事"的要求，认真贯彻落实党中央关于加强中国特色社会主义参政党建设的有关文件精神，召开学校民主党派基层组织建设推进会，形成"强学习来强共识、强班子来强组织、强制度来强规范、强队伍来强活力、强作为来强形象"的建设共识，协助学校各民主党派基层组织圆满完成换届工作。持续开展"助力双一流·统一战线在行动"大调研大建言活动和"党派团体新气象""委员代表新答卷""参事智囊新作为"系列展示活动，引导学校各民主党派基层组织和统战团体打造顺应时代潮流、符合自身特质、对接上级组织要求、发挥成员优势的品牌活动。学校各民主党派基层组织均受到民主党派中央表彰，5人荣获甘肃省政协首次评选的"优秀政协委员"称号。2021年底，在各民主党派、工商联、无党派人士为全面建成小康社会作贡献评选表彰大会上，民进兰大委员会医学支部被评为先进集体，民盟盟员雷紫翰执笔的有关建议荣获建言献策优秀成果奖。

四、铸牢中华民族共同体意识增温度，推动学校统战工作在形式上活起来

牢牢坚持"铸牢中华民族共同体意识"这一主线，有形有感有效开展民族团结进步创建工作。认真学习贯彻落实中央民族工作会议精神，召开学校铸牢中华民族共同体意识推进会和宣讲会，形成在"体制上优化、研究上转化、教育上深化、宣传上强化、氛围上融化、辐射上实化、考评上量化、根本上内化"的"八化"工作思路。持续开展民族团结进步宣传月活动，有计划地组织师生赴民族地区开展调研考察，充分认识我国民族区域自治制度取得的巨大成就。在民族学专业研究生中开设"中华民族共同体研究专题"线下课程，在全校本科生中开设"丝绸之路上的民族"线下线上混合式课程，在全校本科生中开设"多彩民族之灿烂文化"通识课，形成了"专题式教学+贯通式教学+多民族学生互动"的思政课教学模式，引导学生树立正确的历史观、民族观、国家观、文化观，增进对伟大祖国、中华民族、中华文化、中国共产党、中国特色社会主义的认同。深入开展"走进学生生活、走进学生学习、走进学生心灵""三走进"活动，促进各族师生广泛交往、全面交流、深度交融，构建起家庭、学校、学院、班级四位一体的教育格局。通过多管齐下，学校在铸牢中华民族共同体意识工作中的思政教育引领、文化活动浸润、学科平台辐射、科技创新支撑、帮扶援助带动作用得到有效发挥，全校各族师生"民族团结一家亲、同心共筑中国梦"的自觉性、主动性、坚定性显著增强。2023年，学校荣获"第八批甘肃省民族团结进步示范学校"荣誉称号。

五、防范抵御宗教渗透聚精度，推动学校统战工作在底线上严起来

牢牢站稳"教育与宗教相分离"这一立场，多管齐下做好抵御和防范利用宗教向校园渗透工作。坚持问题导向做好中央巡视反馈意见整改工作，进一步明确把学校涉宗教工作纳入重要议事日程、纳入理论学习和干部培训内容、纳入校内巡视和党建述职、纳入意识形态责任制、纳入绩效考核。不断加强马克思主义宗教观和党的宗教理论、政策和相关法律法规的宣讲，连续9年开展党的民族宗教政策理论网络竞赛活动，向全校师生编印发放指导性较强的抵御和防范宗教渗透的"口袋书"，增强师生的政治敏锐性和鉴别力，巩固马克思主义在意识形态领域的指导地位。

六、放大学科平台积淀优势筑厚度，推动学校统战工作在特色上亮起来

牢牢遵循"通过理论创新推动实践创新"这一理念，努力产出与新时代统战工作相称相长的研究成果。立足兰州大学地处民族宗教工作大省的实际，不断深化民族问题与民族理论、边疆安全与稳定等重大问题研究。2020年，兰州大学同时入选国家首批"铸牢中华民族共同体意识研究培育基地"和"国家通用语言文字推广基地"。近年来先后承担"中华民族交往交流交融史料汇编·甘肃卷""西北民族地区社会心态问题研究""甘肃民族地区与贫困地区语言助力脱贫攻坚活动策划与实践"等国家级、省部级项目30余项，策划出版《民族交往交流交融实录》（4册）、《中国陆地边境口岸行丛书》（6卷）、《中国陆地边境口岸志》（6册）、《中华民族共同体概论》等著作18部，呈送研究报告50余份，发表论文60余篇，国家通用语言文字推广培训涵盖内蒙古、西藏、新疆等9省区近千名中小学师资，稳步成为服务中华民族伟大复兴决策咨询、学术创新、对话交流的重要一极。抢抓中央统战部、教育部和中国高等教育学会设立统战工作研究分会的契机，发起成立中国高等教育学会统战工作研究分会，累计立项课题140项，发展会员300家，2021年至2023年连续被中国高等教育学会评为"优秀分支机构"，为解决高校统战工作研究缺乏全国层面研究平台、统战理论研究合力不足等问题作出了兰州大学贡献。

"行之力则知愈进，知之深则行愈达。"面对强国建设、民族复兴的壮美蓝图，兰州大学将按照党中央和教育部的部署安排，在知向聚向、知理讲理、知法用法、知责履责、知效增效、知特彰特、知人聚人、知变应变、知网驭网、知重负重上下更大气力，不断彰显学校统战工作更加直接服务支撑大局大势的法宝效用，为巩固拓展统一战线团结、奋进、开拓、活跃的良好局面作出新贡献。

（兰州大学　王兴东）

加强统战工作制度化建设的实践与探索

　　《中国共产党统一战线工作条例》的颁布和中央统战工作会议的召开为新时代做好统一战线工作提供了遵循。近年来，郑州大学切实加强党对统战工作的集中统一领导，不断推进统战工作制度化规范化建设，健全完善统战工作领导小组工作机制，推进统战工作高质量发展。

2020年1月，郑州大学召开统一战线新春茶话会暨情况通报会

一、把加强党的领导贯穿于统战工作制度建设始终

一是高度重视，充分认识加强制度建设的重要意义。郑州大学高度重视统战工作制度建设，充分认识加强高校统战工作制度建设是贯彻落实党的统战方针政策的必然要求，是高校统战工作顺利开展的根本保证，是高校统战工作适应新时代统战工作的迫切需要。近年来，依据新时代统一战线工作的新情况、新任务、新特点，学校党委结合学校工作实际，认真建立、完善统战工作制度，为贯彻好《中国共产党统一战线工作条例》，中央、省委统战工作会议精神，做好新时代高校统战工作奠定坚实基础。

二是强化组织领导，为统战工作制度建设提供保障。郑州大学毫不动摇地坚持党对统一战线工作的集中统一领导，通过积极完善工作体制机制，把党的领导体现在学校统战工作的各个方面，确保统一战线工作始终坚持正确政治方向。学校党委调整合并成立了郑州大学统一战线（民族宗教）工作领导小组，构建并进一步夯实校党委统一领导，党委统战部牵头协调，有关职能部门、单位共同参与的大统战工作格局。明确一名副书记分管统战工作，党委统战部独立设置（正处级），部长担任校党委常委。明确统战工作领导小组办公室设在统战部，编制6人，在原有综合管理科、党外知识分子工作科的基础上，设立民族宗教工作科，进一步完善统战工作机构职能。从严治部加强部门自身建设，加强基层党组织统战委员、统战信息员队伍建设，深化"统战之家"建设，为推动统战工作制度化建设提供有力组织保障。

三是高标准严要求，高质量推进统战工作制度建设。根据《中共中央关于坚持和完善中国特色社会主义制度、推进国家治理体系和治理能力现代化若干重大问题的决定》《中共河南省委高校工委、河南省教育厅关于加强高校统战工作制度建设的意见》等文件精神，郑州大学党委坚持"立、改、废、留"的工作原则，对标上级关于制度化建设的具体要求，对现行制度进行系统梳理，相继修订完善40余项统战工作制度，以健全的统战工作制度体系和完善的工作机制，提升学校统战工作制度化规范化程序化水平，使大统战工作效应得以充分发挥，切实把大统战工作格局落到实处。

二、构建层次分明、类别清晰的统战工作制度体系

一是建立层次分明的"三级"制度体系。在纵向关系上，根据发文单位和工作对象，统战工作制度主要分为三个层级。在学校层面上，学校党委完善了在加强全校统战工作、加强基层党组织统战工作、加强民族宗教工作、加强与

党外代表人士联系交友、向党外人士通报情况、加强党外代表人士工作等方面的规章制度。在贯彻落实上级、校党委工作安排方面，党委统战部、统战工作领导小组完善了在学校统战工作年度安排、统战工作信息报送、统战工作项目管理、开展各类主题教育、建立统战工作联系点、宗教"双防"工作等具体工作方面的规章制度。党委统战部内部规章制度方面，针对学校统战成员、党派团体及部门建设，党委统战部完善了在加强统一战线中心组学习，开展党外人士建功立业评选表彰，加强民主党派统战团体教育培训、经费管理、组织发展、组织建设，支持各民主党派加强自身建设、开展活动，支持港澳台侨和出国留学人员工作，加强统战部门自身建设等方面的规章制度。

二是建立类别清晰的统战制度门类。在横向关系上，根据统战工作的任务和内容，统战工作制度主要体现在9个方面。第一，加强党对统战工作的领导制度。落实校党委统战工作主体责任，加强统战工作组织机构建设，构建大统战工作格局。第二，党员领导干部与党外人士联谊交友制度。建立完善了校领导班子、基层党组织领导班子中党员领导干部与党外代表人士联谊交友制度。第三，支持党外人士发挥作用制度。建立党外人士建功立业评选表彰、向党外人士通报情况制度，邀请党外人士参加重要会议活动，征求党外人士意见建议。第四，组织民主党派和统战团体学习调研制度。学校制定统战工作项目管理办法、民主党派新成员教育培训制度，设立有专项学习培训工作经费。第五，支持民主党派和统战团体基层组织建设制度。落实组织部、统战部共同协商的联席会议制度，加强党外代表人士队伍建设，指导各民主党派和统战团体加强组织建设。第六，民族宗教工作制度。健全了学校民族宗教工作制度体系，并协调相关单位完善各自领域内的涉及民族宗教工作制度。第七，港澳台侨和出国留学人员统战工作制度。贯彻落实党的方针政策，加强与港澳台同胞和侨胞的合作与联系，做好港澳台学生的教育管理，发挥校欧美同学会、校侨联桥梁纽带作用。第八，党外知识分子工作制度。建立完善统一战线成员信息数据库，加强党外知识分子思想政治引领，抓好民主党派后备干部队伍建设。第九，统战部自身建设制度。健全政治理论学习、部务会议制度、公文处理、印鉴使用和管理、信访、保密、廉洁自律、看望慰问、办公用房、固定资产管理等方面的规章制度。

三、以"三项机制"为抓手，推进统战工作制度落到实处

一是建立"专全"结合的会议机制。"全"指领导小组全体会议，一般年初召开，学习传达上级统战工作会议精神，安排部署全年统战工作。"专"指

专题联席会议，根据工作需要适时召开，协调相关部门就宗教"双防"工作、党外干部培养选拔、港澳台侨工作、外籍教师和外国留学生管理、民族团结进步创建等工作进行安排部署。

二是实行"条块"结合的运行机制。"块"指横向方面，领导小组办公室协同各成员单位建立沟通机制，形成"横向到边"的工作格局。比如，协同学工部、研工部、校团委等部门开展铸牢中华民族共同体意识教育，促进各民族学生交往交流交融。协同组织部、宣传部、校团委、教务处等部门把统战理论方针政策纳入党校和团校培训、"两课"教学，做好政策的学习宣传、教育培训。协同保卫处等部门加强校地协同，配合驻地党委政府做好校园周边宗教治理工作。协同教务处、学工部、港澳台办、招生办、院系，加强港澳台学生的教育引导、管理服务。协同人事处、校工会等部门加强党外知识分子思想政治工作，夯实共同思想政治基础。协同党办、校办、组织部、校工会等部门支持党外人士参与学校民主监督和管理，召开党外人士座谈会、情况通报会、征求意见会，邀请党外人士列席或参加党代会、教代会及有关重要会议和活动。"条"指纵向方面，在校党委的领导下，推动基层党组织、各党派团体开展工作，建立"纵向到底"的制度落实机制。健全高校、基层院系和学生班级宗教"双防"工作三级网络，以及高校党委、二级单位党组织、基层党支部三级责任体系，压实基层党组织宗教"双防"工作责任。加强同基层党组织的联系，印发《关于加强基层党组织统战工作的实施意见》，编制《郑州大学基层统战工作手册》，深入16个基层党组织统战工作联系点，指导开展统战工作，夯实统战工作基层基础。支持各民主党派和统战团体加强自身建设，提升党派团体领导班子成员的"五种能力"，联合各民主党派制定《郑州大学民主党派基层组织工作制度》，开展一党派（一团体）一特色活动、"建言献策年"和"建功立业先进个人"表彰活动，支持党外人士充分发挥作用。

三是健全"三个"结合的考核机制。把日常督导、年终考核和评价运用三项机制有机结合，推动各项统战工作制度落到实处。加强日常监督。领导小组办公室联合相关职能部门开展日常工作、专项工作常态化督促指导，加强对院系落实统战工作情况进行工作指导、督促检查。抓好年终考核。根据各单位工作职责不同，科学设置考核指标，分领导小组成员单位、机关一般单位、院系基层党组织三类进行考核，实现年度考核精准化。注重评价运用。把考核结果作为学校中层领导班子和领导干部年度综合考核工作的重要内容，作为学校党委开展校内巡察指标体系的关键支撑材料，作为学校党委向上级党组织推荐"高校基层党组织统战工作示范单位"的重要依据。

　　郑州大学深入推进统战工作制度化建设，进一步夯实大统战工作格局，统战工作取得了良好成绩。学校连续多年获得"全省统战工作成绩突出单位""河南省高校统战工作示范单位""河南省民族团结进步创建示范单位"等荣誉称号。

（郑州大学　耿云亮）

加强党外知识分子思想政治引领
和党外代表人士队伍建设

牢牢把握"三个着力点"
加强党外代表人士队伍建设

习近平总书记指出，培养使用党外代表人士，是我们党的一贯政策。高校是党外知识分子集聚地，是培养选拔党外代表人士的重要基地。大连理工大学党委深入学习贯彻习近平总书记关于做好新时代党的统一战线工作的重要思想，从战略高度重视和抓好党外代表人士队伍建设，牢牢把握"突出思想引领、政治引领、事业引领"三个着力点，注重凝聚人心、培养人物、汇聚人才，为加快推进世界一流大学建设进程、实现中华民族伟大复兴凝心聚力、贡献力量。

2022年10月，大连理工大学党外人士开展英歌石科学城参观调研活动

一、突出思想引领，注重凝聚人心

大连理工大学统战工作基础深厚，老一辈党外代表人士以实际行动阐释了坚定不移跟党走的政治自觉，担当起兴校强国的历史使命。党的十八大以来，大连理工大学党委坚持发扬优良传统，牢牢把握大团结大联合主题，着力加强党外代表人士队伍建设，广泛凝聚推动创新发展的强大力量。

加强党对统战工作的领导，完善工作机制。建立党委统一领导、统战部牵头协调、各有关部门协同联动的领导机制，依托统一战线工作领导小组，构建"一盘棋"工作格局，形成工作合力。建立健全定期研究党外代表人士队伍建设情况机制，不断完善民主协商机制、党员领导干部联系党外代表人士机制，畅通党外人士为学校发展建言献策渠道。完善教育培训机制，为党外人士开展学习教育、考察调研、社会服务提供便利条件和经费保障等，持续推进学校民主协商的制度化、规范化和程序化。

加强党外代表人士思想政治引领，广泛凝聚共识。举办专题培训班，以学习贯彻习近平新时代中国特色社会主义思想为主线，引导党外代表人士爱党、爱国、爱社会主义，坚定不移听党话、跟党走。开设"同心讲堂"，发挥统一战线专家、学者优势，搭建学习交流平台，弘扬主旋律、传播正能量。举办"同心筑梦"诗歌朗诵会，讴歌中国特色社会主义伟大成就，夯实团结奋斗的共同思想政治基础。举办主题征文、"七一寄语"等特色活动，党外人士讲述统战史实、同心故事，分享自己履职尽责、建言献策、参政议政的经历感悟，抒发统战情怀，传承优良传统。多形式、多渠道拓展教育载体，不断提升思想政治引领的针对性和实效性，帮助党外人士从思想根源上增强"四个意识"、坚定"四个自信"，引导党外代表人士坚决拥护"两个确立"，始终做到"两个维护"。

组织党外代表人士国情考察和社会调研，激发爱国奋斗情怀。深入开展"弘扬爱国奋斗精神、建功立业新时代"活动和"不忘合作初心、继续携手前进"主题教育，组织党外代表人士开展实地考察和社会调研活动，在重庆考察调研独特丰富的统战资源，在云南龙陵实地察看学校对口帮扶村脱贫攻坚成果，在旅顺民营企业见证疫情防控中政府助力企业发展情况，在少数民族村寨感受国家民族政策带来的乡村发展建设成就。通过实地考察，党外人士切实感受国家振兴发展的巨大变化，增强了对党情、国情、社情的全面认识，激发了赓续红色基因、建功立业新时代的热情。

二、突出政治引领，注重培养人物

习近平总书记指出，党外代表人士工作的重点是科学使用、发挥作用，关键是加强培养、提高素质。大连理工大学党委不断健全完善党外代表人士发现、培养、使用工作机制，着力培养一支素质优良、结构合理、数量充足的党外代表人士队伍。

积极涵养水源，做好党外代表人士队伍建设的前导环节。认真贯彻落实把一部分优秀人才留在党外的政策规定，搭建党外后备人选成长平台，营造代表性人物脱颖而出的良好环境。积极实施党外代表人士梯度培养计划，建立党外人才数据库，做到培养有目标，推荐有对象，安排有人选。

抓好教育引导，推动领导干部与党外人士联谊交友走深走实。坚持落实党员领导干部同党外代表人士联谊交友制度，校级和处级领导干部均有确定的联谊交友对象，建立定期联系制度和信息反馈制度。融教育引导于交友之中，通过谈心谈话，深入了解党外代表人士的思想状况，有针对性地开展思想政治引领，把他们紧密团结在党的周围。

着力培养历练，加大党外代表人士举荐使用力度。把党外代表人士队伍建设纳入学校干部和人才队伍建设总体规划，选送年轻后备干部参加辽宁省大连市组织的挂职锻炼，让各类人才各得其所、各展其长。加大校内实职干部选配力度，选任政治强、业务精、作风好的党外代表人士担任学校各级行政职务。做好党外代表人士举荐输送工作，积极举荐优秀党外代表人士担任民主党派中央、辽宁省委员会、大连市委员会负责人和各级人大代表、政协委员。

三、突出事业引领，注重汇集人才

干事有舞台、发展有空间、事业有成就，是党外人士的普遍期盼。大连理工大学党委积极引导党外代表人士聚焦为党育人、为国育才的使命任务，落实立德树人根本任务，围绕国家重大战略实施，大力提升科技创新能力，进一步提高服务国家和区域经济社会发展能力，将党外人士干事创业热情转化为奋进新征程、建功新时代的强大动力。

创造发展平台，以岗位建功促进学校一流建设事业发展。注重培养在本职工作中做出突出成绩的党外代表人士，提供资源、加大支持，激励广大党外知识分子立足岗位多做贡献。无党派人士王立鼎院士带领团队自主研制出1级精度基准标准齿轮，荣获"当代我国仪器仪表与测量控制领域杰出科学家"荣誉称号。无党派人士王众托院士作为我国知识系统工程学科的奠基人、中国系统工程研究生与学位教育的首创者，曾荣获中国管理科学奖体系的最高荣誉奖项"管理科学奖特殊贡献崇敬奖"。全国政协委员、致公党中央委员陆安慧教授面向国家重大战略需求和国际前沿，聚焦能源高效清洁利用，在基础研究和技术创新方面取得突破。

鼓励履职尽责，在参政议政中推进多党合作事业。围绕新时代"党外知识分子的责任与担当"主题，组织党外代表人士召开建言献策交流会，鼓励党外人士深入基层一线，加大调研力度，提高参政议政能力。党外人士积极参政议政，提出的议案提案被有关方面采纳，为促进国家和地方经济社会发展发挥积极作用。九三学社社员邱大洪院士九旬高龄，仍心系东北振兴，亲手向来校考察的中共中央领导同志递交关于加快发展东北水网经济、改善生态环境的建议书。辽宁省人大代表、民建中央委员安辉教授关于"举办西安'一带一路'进出口商品交易会"的建议被有关方面采用。九三学社社员周雅夫撰写的"建议制定符合城市工况的经济车速规范降低我国汽车燃油消耗"报送有关领导同志参阅。

助力服务社会，在实践锻炼中增强为国为民的使命担当。党外代表人士广泛参与社会服务，在实践参与中了解国情、接受锻炼、坚定信念。民盟盟员彭孝军院士助力研发抗病毒药物，为疫情防控提供科技支撑，荣获第二届全国创新争先奖等称号。王敏杰、王晓东、周文龙3位无党派人士受聘大连市无党派人士"匠心"驿站专家组专家，助力国有企业实现高质量发展。党外人士为对口帮扶的云南省龙陵县小学捐资捐物，用实际行动助力乡村振兴。

面对新形势新要求，大连理工大学党委将继续深入贯彻落实习近平总书记关于做好新时代党的统一战线工作的重要思想，以思想共识的新提高、履职尽责的新作为，不断开创学校统战工作新局面，广泛凝聚起推动经济社会发展和一流大学建设的强大合力。

（大连理工大学　刘洁　陶杰　杨光）

强化"多重引领"
厚植党外知识分子爱国情怀和报国担当

　　东北大学统一战线坚持以习近平新时代中国特色社会主义思想为指导，深入学习贯彻习近平总书记关于做好新时代党的统一战线工作的重要思想，认真执行《中国共产党统一战线工作条例》，深入贯彻落实中央统战工作会议精神，持续完善体制机制，聚焦加强党外知识分子思想引领、政治引领、事业引领，引导党外知识分子坚持爱国和爱党、爱社会主义高度统一，继承发扬老一辈党外人士与中国共产党风雨同舟、亲密合作的优良传统，坚定不移听党话、跟党走，以实际行动诠释新时代党外知识分子的爱国情怀和报国担当。

2021年7月，东北大学统一战线庆祝中国共产党成立100周年座谈会现场

一、强化党的领导，完善思想政治工作体系

强化统战工作体制机制建设，完善大统战工作格局。学校认真贯彻落实《中国共产党统一战线工作条例》和上级决策部署，加强顶层设计，制定《中共东北大学委员会关于加强新时代学校统一战线工作的意见》《关于加强校院两级领导班子成员联系党外人才工作的意见》，建立了党委统一领导，统一战线工作领导小组牵头抓总，统战部门牵头协调，各分党委（直属党总支）和各职能部门各负其责、密切配合，民主党派基层组织和统战团体共同参与的统一战线工作体制。规范校院两级统战工作联动机制，将统战工作纳入分党委书记抓党建述职评议和党委巡察重要内容，形成了上下贯通、协同发力的工作格局。坚持培优育强统战委员和统战联络员"两支队伍"，在24个分党委（直属党总支）均明确1名党委委员分管统战工作，并设立统战工作联络员；在党外人士较为集中的基层学术组织所在的82个党支部，明确1名支部委员负责本部统战工作。专兼职统战干部着力提升政治判断力、政治领悟力、政治执行力，为学校统一战线工作提供了坚强的组织保障。

打造"同心系"工作矩阵，完善思想政治工作体系。学校围绕落实重大决策部署、重点工作任务，聚焦重要时间节点、发展关键环节，联合各民主党派基层组织、统战团体共同探索开展"同心·奋进讲堂""同心·在线学堂""同心·红色研学""同心·报国实践""同心·联谊交流"等系列活动，搭建系列思想淬炼、政治历练、实践锻炼、专业训练以及学习交流的平台，分层次分类别开展集中理论培训，组织统战成员走进爱国主义教育基地、改革开放前沿阵地、乡村振兴基层实地等开展实践研学，推进党员领导干部与统战成员交肝胆相照的净友挚友，在强化沟通联谊、解决实际问题中，提升思想浸润实效。

二、聚焦思想引领，巩固共同思想政治基础

把牢正确方向、凝聚思想共识。学校以学习贯彻习近平新时代中国特色社会主义思想为引领，准确把握新时代爱国统一战线历史方位，以系列主题教育为抓手，加强党外人士理想信念教育。围绕庆祝中国共产党成立100周年、党的二十大胜利召开、党的统一战线政策提出100周年、"五一口号"发布75周年等契机，引导党外知识分子传承老一辈的政治信念和高尚情操，不断夯实团结奋斗的共同思想政治基础。扎实开展党外知识分子统战工作"五个一"活动等理论学习和实践研学，并充分依托"引领·提升·共进'1+1'"专项活动、青年教职工"四个一"成长成才活动、卓越青年人才国情教育活动等，实现全

校党内外知识分子思想政治工作多角度、全覆盖，引导党外人士与学校党委思想上同心同德、目标上同心同向、行动上同心同行。

围绕主题主线，打造品牌活动。将学习贯彻党的二十大精神作为首要政治任务，把党外人士的思想和行动统一到党的二十大精神上来。组织统战成员集体收看党的二十大开幕会，开展了"喜迎二十大·同心话伟业"座谈会、"团结·奋进"大讲堂、"学习贯彻党的二十大精神·云诵读"等活动。学校党委启动党的二十大精神学习贯彻有关工作后，制发《关于全校统一战线深入学习宣传贯彻党的二十大精神的通知》，稳步推进党的二十大精神入脑入心，引导党外人士深刻领悟"两个确立"的决定性意义，增强"四个意识"、坚定"四个自信"、做到"两个维护"，把学习成效转化为强烈的责任感使命感，内化为履职尽责的担当意识和进取精神，持续激发奋力服务学校"中国特色、世界一流"大学建设的强大动力。

三、聚焦政治引领，汇聚共同团结奋斗力量

支持民主党派基层组织加强自身建设。学校共有5个民主党派基层组织，其中：民盟、九三学社两个民主党派设有基层委员会，民革、民进、致公党3个民主党派设有基层支部。学校党委坚持同各民主党派实行长期共存、互相监督、肝胆相照、荣辱与共的基本方针，加强和改善对民主党派基层组织的领导，支持民主党派基层组织按照各自章程开展工作。按照各党派市委要求，推进民主党派组织规范化建设，完善科学运行制度和管理制度，加强日常监督。5个民主党派基层组织先后被民主党派中央或省市委评为先进基层组织。同时，学校还支持各民主党派基层组织按照注重质量、保持特色、体现代表性原则加强基层组织建设，统战部与有关分党委共同做好新申请加入民主党派成员的思想把关、政治把关，不断优化成员结构。

加强党外代表人士队伍建设。学校贯彻落实"把一部分优秀人才留在党外"的政策要求，积极做好党外代表人士的人才储备，涵养党外人才"活水"，浇灌事业发展"沃土"。建立健全了党外优秀人才遴选举荐机制，强化荐前对谈、专题走访等环节，做好政治把关和品德考察。构建了党外后备人选推荐机制，严格标准条件、拓宽发现渠道、健全推荐机制，初步建立了党外杰出人才数据库，做到培养有目标，推荐有对象，安排有人选。将党外代表人士队伍建设纳入学校《干部队伍建设规划（2019—2024年）》，重视选拔任用优秀党外代表人士担任中层领导干部，努力建设一支数量充足、结构合理、作用突出的高素质党外干部队伍。

四、聚焦事业引领，激发共同干事创业情怀

发挥强大法宝作用，服务一流大学建设。针对党外代表人士知识层次高、专业造诣深、社会责任感强等特点，按照有理想信念、有道德情操、有扎实学识、有仁爱之心的"四有"标准，引导党外教师心怀"国之大者"，落实立德树人根本任务，遵守师德师风，以德立身、以德施教，争当学术权威和品德楷模，在培养担当民族复兴大任的时代新人、服务国家高水平科技自立自强的新时代新征程中，求真务实、开拓创新，以实际行动彰显党外人士的统战担当、作出统战贡献。近三年，党外知识分子累计有69人次荣获省部级以上科学技术奖励，党外科技工作者牵头或参与的5项成果荣获国家科学技术奖励，一批优秀的党外代表人士为一流大学建设发挥了重要的支撑作用。

履行议政建言职责，服务事业发展进步。学校每年定期召开学校党外人士座谈会，在一流大学建设和重大发展规划、改革方案、决策举措等制定中，专题征求民主党派、无党派代表人士意见建议，最大程度凝聚智慧和共识。不断完善定期或根据需要及时向民主党派组织负责人、无党派代表人士传达上级和学校重要文件、会议精神或通报重要工作的机制，在举办重大会议活动时，注重邀请民主党派组织负责人、无党派人士代表参加，在校院两级教职工代表大会、学术委员会中保证党外代表比例。鼓励支持各级人大代表、政协委员和民主党派、无党派人士结合自身专业背景，围绕东北全面振兴和学校一流大学建设等有关问题，开展考察调研，积极建言献策，关于产业链数字化转型升级、社区居家养老、儿童友好型城市建设等一批议案提案被省、市、区相关部门采纳。

党外知识分子是助推学校发展的一支重要力量，优秀党外人才是学校的宝贵财富和人才支撑。党外知识分子思想政治工作是学校思想政治工作的重要组成部分和不可或缺的重要环节。通过全校统一战线的团结奋斗和不懈努力，学校逐步形成了以坚持和加强党的全面领导为根本，以思想引领、政治引领、事业引领为抓手的党外知识分子思想政治工作模式，围绕统一战线大团结、大联合的主题和凝聚人心、汇聚力量的工作任务，不断增进广大党外知识分子对中国共产党和中国特色社会主义的政治认同、思想认同、理论认同、情感认同，引导他们始终与党同心同行，与国家和地方经济社会发展同频共振，在学校建设"中国特色、世界一流"大学新征程中勇担使命，在奋力推进学校跨越式发展的宏伟蓝图中争做先锋，进一步彰显了广大党外知识分子爱国、报国的深厚情怀和使命担当。

（东北大学　韩斌　李国华　丛林）

深耕党外代表人士成长沃土
厚植"同济天下"报国情怀

　　党外代表人士是党和国家人才队伍的重要组成部分，是推动中国特色社会主义事业的重要力量。同济大学党委全面贯彻习近平总书记关于做好新时代党的统一战线工作的重要思想和《中国共产党统一战线工作条例》，把团结、培养、使用、输送党外代表人士作为高校统战工作的重要方面，着力加强党外代表人士队伍建设，形成优秀党外代表人士不断涌现的生动局面。

2021年6月，同济大学举行统一战线庆祝建党100周年"红色百年，同舟共济"龙舟赛

一、加强党的统一领导，为党外代表人士成长夯实组织基础

同济大学党委坚持党对统一战线的集中统一领导，坚持党管人才，将培养优秀党外代表人士、为国家发展和民族复兴提供人才支持，作为一项基础性、全局性、战略性任务常抓不懈。

高站位谋划，建立党外代表人士队伍建设总体规划。同济大学党委充分认识到高校党外代表人士的成长和成才是一个长期的过程。近年来，学校不断加强党外代表人士工作的顶层设计，从合理数量规模、优化队伍结构、提升整体素质、完善体制机制四个方面加强总体规划，确保党外代表人士队伍持续发展。同济大学先后为党和国家输送了万钢、蔡达峰、杨健、赵雯等杰出党外干部，学校领导班子中现有3名党外人士担任副校长，学校处级以上干部中党外人士所占的比例一直保持在12%～15%。

精准化施策，完善党外代表人士队伍建设工作机制。同济大学党委认真研究把握党外代表人士成长和成才的规律和最佳时机，完善党外代表人士发现、培养、使用和管理的全链条工作机制。在发现环节，注重涵养水源，调节党外人才资源配置，不断优化党外代表人士队伍结构。在培养和使用环节，为党外代表人士量身定制"一人一策"的个性化培养措施。畅通政治安排和实职安排"双通道"机制，有计划、有组织地把成熟的党外知识分子输送到民主党派担任职务。将优秀党外代表人士安排在学校重要教学科研管理岗位，推荐到各级人大、政协等平台锻炼成长、发挥作用。近三年，材料科学、环境科学、生命科学、数学、研究生院等学院和职能部门的多名党外代表人士从纯专业型人才迅速成长为专业型+管理型+政治型"三型"融合人才。

全方位发力，形成协同推进党外代表人士队伍建设工作格局。同济大学党委牢固树立主体责任意识，积极构建和完善党委统一领导、统战部牵头协调、有关部门各负其责、协同推进的工作格局。充分发挥统一战线工作领导小组、组织部和统战部联席会议的作用，把党外代表人士队伍建设纳入重要议事日程，纳入人才和干部队伍建设总体规划，纳入各级领导班子和领导干部考核内容，每学期听取专题汇报，就党外代表人士队伍的结构、规模、人选以及培养、选拔、使用等进行沟通研究、规划、部署，推动党外代表人士队伍建设工作深入开展。

二、强化思想政治引领，为党外代表人士成长固本浚源

"求木之长者，必固其根本；欲流之远者，必浚其泉源。"同济大学党委深

刻认识到，党外代表人士的成长与成才，必须首先要解决思想问题，着力加强思想政治引领。

健全思想政治引领体系。一是健全组织体系。坚持将党外干部培训纳入党校学习计划，在独立设立"党外干部进党校"模块的同时，开展党内党外干部联合培养的有益探索。二是丰富课程体系。制作《同济人与中国共产党统一战线》《中国心、同济情》专题视频，编撰《同济大学统一战线工作纪实》，举办统一战线"红色百年、同舟共济"龙舟赛，开展党外代表人士国情社情考察、革命传统教育，组织暑期调训，以多样的形式丰富课程体系，以沉浸式的课堂模式凸显"思政+文化""理论+实践"，把思想政治引领与红色文化、传统文化、校史文化紧密融合。

创新思想政治引领模式。打破常规工作思路，以碎片化的方式推动系统化的思想政治引领。创新记录党外青年人才成长足迹的"三微"工作模式，通过"微视频""微访谈""微沙龙"的"三微"方式，在不打扰党外青年教师正常教学科研的情况下关注他们的教学科研进展，关心他们的思想成长，解决他们的困难诉求，满足了不少党外青年教师尤其是归国留学人员适应国情、校情的现实需要以及被同伴关注、认可的心理需要，以小关怀促进了党外人士思想上的大成长。同济大学各民主党派基层组织多名"80后"新任副主委均是在这种新的工作模式下被关注、发现、培养并迅速成长起来的。

强化思想政治引领保障。党外代表人士的成长离不开有形的物质和平台保障。同济大学党委明确要求，"要像建好中共'党员之家'一样建好'民主党派之家''统战团体'，将其建成多党合作的实践之家、参政议政的研究之家，凝心聚力的和谐之家，充分发挥思想政治引领阵地作用"。在用房紧张的情况下，同济大学党委统筹协调、整合资源，规范建设标准和载体功能，积极推动"民主党派之家"建设，已完成两个"同心会客厅"，一个"同心办公中心"的建设，正在推进建设一批"同心活动室"，大大提升了党外人士的政治归属感和身份认同感。

三、人尽其才、才尽其用，为党外代表人士建功立业搭建平台

习近平总书记强调，我国高等教育要立足中华民族伟大复兴战略全局和世界百年未有之大变局，心怀"国之大者"，把握大势，敢于担当，善于作为，为服务国家富强、民族复兴、人民幸福贡献力量。同济大学党委积极搭建平台、创造条件，鼓励党外代表人士建功立业。

榜样引领，催生立德树人内生动力。同济大学党委不断强化党外代表人士

教书育人、立德树人的责任和使命。2018年入选全国首批10所"三全育人"综合改革试点高校以来，同济大学党委从顶层设计上把立德树人融入教学、实践各个环节，实施了岗前培训、"课程思政""金课示范"等一系列举措，立德树人"大先生"不断涌现。全国道德模范、被誉为"深海勇士"的无党派人士汪品先院士80岁高龄开设"科学、文化与海洋"公共选修课，激励同济学子构筑科学与文化之间的桥梁。汪品先院士与夫人共同捐赠多年积蓄200万元人民币，设立"同济大学海洋奖学金"，推动多学科交叉培养海洋人才。2021年，多位党外代表人士带领课程思政教学名师团队获批教育部课程思政示范项目，为广大教师树立了育人榜样。

引路铺石，引导党外人才主动作为。同济大学党委积极为党外人才的发展创造良好环境和氛围。鼓励高层次党外人才深耕基础研究，为重点人才设破格通道。构建"一门式"高层次人才服务体系，人才专员一对一精细化服务，为党外高层次人才建立职业发展全周期手册，提供预先指导。搭建大团队大平台，打造战略科学家成长梯队，参与大项目，催生大成果，党外人才得到快速成长。2021年累计新增各类党外高层次人才35人，较2018年新增人数增长54.3%，其中工程院院士1人，各类国家级人才18人。党外高层次人才挑大梁，当主角，在长三角一体化、乡村振兴、雄安新区规划建设等国家重大战略实施中发挥了重要作用。

以史为鉴、开创未来，在向第二个百年奋斗目标迈进的新征程上，同济大学党委将牢牢把握大团结大联合的主题，团结带领党外代表人士倡导"学术与育人"的价值追求，培养"同济天下、崇尚科学、创新引领、追求卓越"的新时代同济文化，推动中国特色世界一流大学建设迈上新台阶，为实现中华民族伟大复兴作出新贡献。

（同济大学　方守恩）

突出思想引领　聚焦队伍建设
扎实推进高校党外知识分子工作

习近平总书记在中央统战工作会议上明确提出做好新时代党的统一战线工作的重要思想，概括为"十二个必须"，其中强调"必须做好党外知识分子和新的社会阶层人士统战工作"，要"以凝聚共识为根本，以爱国奋斗为目的，鼓励支持他们立足本职建功立业，积极投身改革创新一线，施展才华和抱负"。这一论断体现了在新时代新征程上党和国家对党外知识分子的重视、关心和厚望，是做好新时代党外知识分子工作的根本遵循。东南大学党委一贯重视统战工作，坚决贯彻落实中央统战工作会议和相关文件精神，坚持守正创新，突出思想引领，聚焦队伍建设，切实把做好党外知识分子工作作为统一战线的基础性、战略性工作抓紧抓实。

与故宫博物院联合举办文化和自然遗产日活动"华彩世界·琉璃故宫——走进绚烂的中国色彩"云展览，中国新闻网、央视网、人民网等十多家主流媒体进行了报道。

2021年6月，东南大学与故宫博物院联合推出
"华彩世界·琉璃故宫——走进绚烂的中国色彩"云展览

一、围绕凝聚共识，加强思想政治引领

一是抓机制建设，在常态化上下功夫。建立健全学校党委领导下的党外知识分子思想政治工作协同合作机制，形成统战部牵头协调、各相关部门齐抓共管，各基层党组织紧密配合的大统战工作格局。制订并实施"至善同心"思政培训计划，明确每个阶段思政工作内容、指标和完成时限。健全完善校党委领导与党外知识分子联谊交友，联系民主党派和统战团体制度。依托学术组织，将思想政治工作与业务工作相结合，通过党的基层组织、群团组织，及时了解掌握党外知识分子思想动态和利益诉求，听取意见建议，帮助解决问题。将党外知识分子思想政治工作和党外代表人士队伍建设纳入年度学校党建考核内容，推动工作落到实处、抓出成效。

二是抓学习培训，在覆盖面上做文章。发挥学校社会主义学院主阵地作用，探索建立高校之间、高校与地方政府的"教育合作培训体系"，每年培训150人次。在学校党外知识分子中扎实开展"学党史、跟党走""学习贯彻中共二十大精神"等系列教育培训，组织党外知识分子参观"初心照梅庵，永远跟党走"中国社会主义青年团第二次全国代表大会史料展，到雨花台烈士陵园参观"在雨花英烈精神的激励下前进——东南大学一代青年的红色记忆"展览等，举办朗诵会、"互联网+"云展览等活动，引导党外知识分子在重温革命历史和传统文化中筑牢共同思想政治基础。联合地区多所高校赴重庆举办统一战线骨干成员"不忘合作初心，继续携手前进"培训活动，高校卓越联盟联合组织赴井冈山、红旗渠开展培训活动。与驻地政府联合开展"红石榴同心家园"系列活动等等。积极探索党外知识分子思想政治工作有形化、载体化，打造海峡两岸教育学术文化交流合作基地，获批为江苏省高校统一战线同心教育实践基地。

三是抓主题教育，在凝心聚力上见真章。把学习贯彻党的二十大精神作为党外知识分子教育培训的核心内容，通过形式多样、内容新颖的方式使广大党外知识分子从新时代统战工作的历史性成就中，深刻把握"两个确立"的政治逻辑、历史逻辑、实践逻辑，把"两个确立"从感性认识上升为理性认识，从思想认同上升为行动自觉。组织开展"携手喜迎二十大·同心共筑教育梦"系列主题活动，包括"讲多党合作故事，献礼中共二十大"短视频大赛，"榜样引领前行，同心共向未来"无党派人士主题访谈，"海归心向党"归国留学人员优秀工作案例，党的二十大精神知识竞赛等。鼓励并支持各民主党派统战团体多形式开展学习宣传贯彻党的二十大精神的系列活动。组织党外知识分子座

谈，交流学习党的二十大精神的心得体会，畅谈与党团结奋斗的感想感悟。

四是抓关键节点，在政治立场上求统一。在重大历史事件，重要纪念日活动等时间节点开展思政教育，及时引导党外知识分子从宝贵历史经验中汲取智慧和力量。在中国共产党成立100周年之际，发动广大党外知识分子收看庆祝大会，并组织党外知识分子代表集中学习习近平总书记"七一"重要讲话精神，组织多人开展热议。在纪念中共中央发布"五一口号"70周年，纪念辛亥革命110周年大会召开之际，迅速组织各民主党派、统战团体成员代表学习习近平总书记重要讲话精神，深刻领悟"五一口号"以及辛亥革命的历史意义及对当代的启发。30余名党外知识分子的学习感悟，在学校党史学习教育网站，统一战线网站宣传，在广大党外知识分子中产生热烈反响，相关信息向教育部、省委统战部和省委教育工委报送。

五是抓"关键少数"，在针对性上见实效。注重发挥党外代表人士领学促学作用，鼓励党外知识分子结合学科和岗位职责，发挥主人翁精神，以点带面，以少带多，带动大家一起"学党史、悟思想、跟党走"。支持无党派人士、建筑学院院长张彤策划举办"中国共产党百年辉煌的东大建筑叙事"大型展览、无党派人士、图书馆馆长李爱国组织《共产党宣言》多版本特展等。学校党外知识分子开展党史学习教育有关做法，得到中央统战部认可，相关经验在《中国统一战线》杂志刊发。

二、坚持多措并举，推动党外代表人士队伍建设

一是注重发现储备，实行动态管理。坚持党员领导联系民主党派和统战团体制度，党员领导干部和227名党外代表人士联谊交友。坚持"双走访""午间交流直通车"，校级层面建立了一支规模在100人左右，以50岁左右为主体，45岁以下青年人才有一定数量，各领域各专业专家学者占适当比例的党外代表人士队伍，并向省委统战部推荐了19名省级重点无党派代表人士。拓宽选人用人视野，既注重从学校处级以上党外干部群体中发现复合型人才，又根据新时期人才资源分布新变化，从留学归国青年教师队伍中积极物色，不断充实党外后备力量。与此同时，充分发挥人才库和蓄水池作用，统筹协调好保留无党派代表人士骨干与输送优秀人才的关系，做好向民主党派基层组织输送人才工作，近年来先后推荐6名国家级人才加入民主党派，民主党派基层组织换届后基本实现班子中至少有一名80后成员。

二是强化培养锻炼，提升综合素质。完善党外代表人士教育培养模式，推动政治培训和实践锻炼制度化、规范化。推荐多名党外人士参加中央统战部组

织的专题培训，每年向省委统战部推荐10名左右党外代表人士参加党外县处级领导干部培训班、民主党派基层骨干培训班、无党派人士培训班等。将党外代表人士队伍建设纳入干部和人才队伍建设总体规划，推动党外代表人士挂职锻炼、轮岗交流，实施党外人士校内挂职制度，首批遴选7名80后党外知识分子担任管理岗实职。注重安排重点岗位任职，民盟盟员金石现已担任学校副校长，两名80后学院院长均是经过学校党委认定的无党派人士。及时将优秀的党外教师安排到统战组织和团体接受锻炼，帮助他们提升代表性和影响力。推荐无党派人士、吴健雄学院执行院长游雨蒙担任省知联会副会长，支持其作为我省无党派人士代表，参加省委十三届十次全会精神通报会、省委统战部征求对部领导班子及成员意见建议座谈会等重要会议并发言。

三是创造有利条件，支持发挥作用。坚持以党外代表人士为工作重点，对政治坚定、业绩突出、群众认同度高的党外知识分子，支持其参加省市各级组织的参政议政、调研考察、学习培训等活动，加强政治历练，提升综合素质，更好发挥示范带动作用。积极推动党外人士政治安排和实职安排。目前我校党外干部中有副厅级1人，担任民主党派中央常委1人，中央委员3人，各民主党派省委会、省级统战团体班子成员4人，全国人大代表1人，政协常委1人等。支持党外人士围绕党委政府和学校中心工作开展调查研究，提出意见建议，开展民主监督，多人获中央级建言献策和参政议政表彰。引导党外人士紧紧围绕服务国家重大需求和重大战略，在专业领域精耕细作，集智攻关，近年来，我校党外人士中涌现出了2名院士、50余名国家级人才，其中多人获得国家级科学技术奖励。我们积极推动将教师的重要研究成果纳入年终院系KPI考核，作为评优评先依据。

新征程、新使命，我们将以学习贯彻党的二十大精神为主线，深入贯彻落实《中国共产党统一战线工作条例》精神，更好地把全校党外知识分子团结在党的周围，奋力推动学校高质量发展，为加快"双一流"建设，实现中华民族伟大复兴凝聚磅礴力量。

（东南大学　冯建明　李黎蓉　魏彬）

坚持"五个注重" 强化思想引领
为建设卓越华中科技大学凝聚智慧与力量

做好党外人士思想政治工作，巩固共同思想政治基础，是统战工作的主要内容之一。统战工作说到底就是做人的思想政治工作，根本任务是凝聚人心、汇聚力量。华中科技大学党委深入贯彻落实习近平总书记关于做好新时代党的统一战线工作的重要思想和《中国共产党统一战线工作条例》，并作为做好新时代高校党外知识分子思想政治工作的根本遵循，坚持党对统战工作的领导，强化党外知识分子思想政治引领，为全面建成社会主义现代化强国、建设卓越华中科技大学贡献智慧和力量。

2023年2月，华中科大党委召开党外人士座谈会暨第三十六期华中科大同心论坛

一、坚持党的领导，注重思想引领高度

统一战线是党的事业取得胜利的重要法宝。华中科技大学党委始终把统战工作摆在重要位置，作为必须做好的分内事、必须种好的责任田，坚持做到"四个纳入""三个带头"，党委主要负责同志切实履行统战工作第一责任人责任，坚决把党中央关于统一战线工作的重大决策部署落到实处。

落实主体责任。成立学校党委统一战线工作领导小组，加强党对学校统战工作的领导和统筹。学校通过党委常委会研究部署统战工作，通过党委理论学习中心组传达学习重要文件，推动党中央关于统一战线工作决策部署落地落实。学校党委出台贯彻落实《〈中国共产党统一战线工作条例〉实施细则》《加强和改进新时代学校党外知识分子思想政治工作的实施方案》等29项工作制度文件，不断提升统战工作科学化规范化制度化水平。

增强工作力量。认真落实学校党委常委担任统战部部长要求，不断加强统战部门自身建设。明确院系党委书记抓基层统战工作职责，配备院系专兼职统战委员，夯实基层统战工作基础。学校每年划拨专项经费，支持包括统战干部在内的广大教师开展统战理论与实践研究，提升做好新时代党外知识分子思想政治工作的能力和水平。

构建大统战工作格局。建立学校党委统一领导，统战部牵头协调，统一战线工作领导小组成员单位分工负责，各二级单位党组织各司其职、密切配合的大统战工作格局。将党外知识分子思想政治工作纳入党委重要议事日程，发挥二级单位党组织和学校民主党派组织、统战团体在党外知识分子思想政治工作中的作用。将履行统战工作情况纳入二级单位党组织全面从严治党主体责任落实情况集中检查。

二、坚持凝聚共识，注重思想引领力度

华中科技大学党委坚持用习近平新时代中国特色社会主义思想凝聚共识，以共同的目标汇聚党外知识分子的智慧和力量，不断巩固团结奋斗的共同思想政治基础。

以主题教育凝聚共识。学校党委以党和国家的重要会议、重大活动等为契机，围绕新中国成立70周年、庆祝中国共产党成立100周年、党的二十大召开等重大时间点，支持学校各民主党派、无党派人士开展"不忘合作初心，继续携手前进""学党史　跟党走""学习二十大　同心跟党走""凝心铸魂强根基，团结奋进新征程"等主题教育。组织统一战线骨干成员赴延安、红安、重庆、

西柏坡等地开展革命传统和多党合作历史教育。2018年以来，党外知识分子参加各类学习培训、主题活动累计达7500人次。

以共同目标汇聚力量。认真学习贯彻落实习近平总书记关于新冠疫情防控的重要讲话精神，引导党外知识分子携手同心抗疫。学校党委每年举办党外人士座谈会，听取党外人士对学校工作的意见和建议，结合"不忘初心、牢记使命"主题教育、党史学习教育，收集党外人士意见建议115条，汇聚同心共建新时代卓越华中科技大学的合力。

以创新方式凝聚智慧。2019年创办华中科技大学同心论坛（简称华科大同心论坛），学校党委"搭台"，学校各民主党派组织和统战团体"唱戏"。组织160余名党外专家学者聚焦科教兴国战略、人才强国战略、创新驱动发展战略和乡村振兴战略等国家战略，畅谈心怀"国之大者"，实现双岗建功的心得体会，用新发展理念凝聚共识。论坛迄今已举办55期，累计参加人数达5500余人次。

三、坚持关心关怀，注重思想引领温度

华中科技大学党委在坚持党对统一战线领导的同时，注意倾听意见，努力做到党外人士有所呼，学校党委有所应，用心用情做好统战工作，努力画出最大同心圆。

加强联谊交友。落实学校各级党员领导干部与党外人士联谊交友工作要求。通过参加统一战线重要活动、走访慰问等多种形式与党外人士结对子、交朋友，每位校领导分别联系2～3名党外人士，校院两级党员领导干部共联系520多人，最大限度地把党外知识分子团结在党的周围。

提供政策保障。将统战工作经费列入学校经费预算，为学校民主党派基层组织、统战团体开展活动提供经费保障。将各级党外人大代表、政协委员、民主党派基层组织负责人和统战团体负责人开展履职工作和社会活动情况计入所在单位公共（社会）服务工作量计算，支持发挥作用。

帮助排忧解难。在办学空间和资源紧张的情况下，学校专门提供1300余平方米的办公和活动场所，划拨230余万元建设"统战之家"，为学校7个民主党派委员会、4个统战团体提供了聚情、聚智、聚力的独立办公和活动空间。

四、加强队伍建设，注重思想引领广度

华中科技大学党委按照政治坚定、业绩突出、群众认同的标准，加强党外代表人士队伍建设，通过发挥"一根头发带动一把头发"作用，强化政治引领

广度。

健全工作机制。把党外代表人士队伍建设纳入干部和人才队伍建设总体规划。建立党外代表人士发现、培养、使用工作机制，党委办公室、校长办公室，组织部，宣传部，统战部等统战工作领导小组成员单位会同二级单位党组织严把人选政治关。

加强培养使用。开展党外中青年骨干教师情况调研，建立中青年党外人才信息库，遴选骨干参加中央、省、市统一战线培训，到改革创新、脱贫攻坚等一线挂职锻炼，引导党外人士在学习实践中不断增进政治认同、思想认同、理论认同、情感认同。共推荐64人次担任各级党外人大代表、政协委员、政府参事，37人在民主党派中央和省委员会、市委员会任职，选拔任用党外中层干部48人，其中正职18人。

加强管理考核。党委组织部、统战部会同二级单位党组织加强对党外代表人士的管理，通过年度考核、任职考察以及述职和民主评议等，重点了解掌握政治思想、履行职责、廉洁自律等情况，特别是在重大原则问题上的政治立场。

五、坚持服务大局，注重思想引领实效

在华中科技大学党委的统一领导下，学校广大党外知识分子自觉用习近平新时代中国特色社会主义思想武装头脑，坚定拥护"两个确立"，坚决做到"两个维护"，在奋进新时代、迈向新征程中建功立业。

助力学校一流建设成果丰硕。2018年以来，学校获得的12项国家自然科学奖、技术发明奖、科学进步奖中，党外知识分子牵头或参与的有5项。55门国家级一流课程中，16门课程主持人是党外人士。

聚焦民生热点建言献策成绩突出。学校各级人大代表、政协委员和政府参事围绕实现高水平科技自立自强、促进湖北省绿色经济发展、加强生态环境保护等积极开展社会调查、国情考察、建言献策，服务国家和湖北经济社会发展。

服务社会发展彰显担当作为。在疫情防控中，统战成员风雨同舟，勇担使命。注重科技攻关，学校党外人士首创护脸技术助力北京冬奥会，获国家体育总局专函致谢。加强科研成果转化，学校党外人士获"谈家桢生命科学创新奖"、中国科协"求是"杰出青年成果转化奖等。

（华中科技大学　李元元）

聚天下英才　走卓越之路
开创新时代高校党外知识分子工作新局面

　　哈尔滨工业大学党委坚持以习近平新时代中国特色社会主义思想为指导，以习近平总书记致哈工大建校100周年贺信精神为引领，深入学习贯彻习近平总书记关于做好新时代党的统一战线工作的重要思想，深刻认识把握党外知识分子工作的基础性、战略性地位，牢牢把握团结奋斗的时代要求，抓好政治引领、团结凝聚、平台助推，把广大党外知识分子紧密团结在以习近平同志为核心的党中央周围，以改革创新、奋发作为、追求卓越的奋进姿态，奋力投身强国建设、民族复兴伟业。

2022年9月,哈尔滨工业大学召开党委统战工作会议

一、强化政治引领，厚植心有大我至诚报国的深厚情怀

习近平总书记指出，"要深刻理解发展壮大新时代爱国统一战线的重要意义，以高度的使命感和责任感做好工作""做党外知识分子工作，不仅要增强责任意识、配强工作力量，还要改进工作方法，学会同党外知识分子打交道特别是做思想政治工作的本领"。哈尔滨工业大学党委坚持以习近平总书记贺信精神凝心铸魂，赓续创新学校"政治引领、典型引路、品牌带动、校训育人"的思政工作传统，持续打牢党外知识分子爱国奋斗的思想基础，推动学校爱国奋斗精神高地筑得更高更牢。

一是导之以"大"。发挥党的创新理论武装优势，支持开展"凝心铸魂强根基、团结奋斗新征程"主题教育，组织召开学习贯彻落实党的二十大精神、学习贯彻中央统战工作会议精神等党外人士代表专题座谈会、读书班等学习活动，广泛开展红色参观见学和"永远跟党走 奋进新征程"等系列活动，引领党外知识分子深刻领悟习近平总书记心中的"国之大者"，深刻领会新时代伟大变革的重大意义，深刻认识中国式现代化的丰富内涵，不断提升拥护"两个确立"、做到"两个维护"的自觉性和主动性。

二是导之以"优"。发挥学校典型引路思政工作优势，年均精心选树党外知识分子典型楷模30余名，举办"学习榜样事迹，传承爱国奋斗精神""榜样的故事"等先进事迹报告会，广泛开展哈工大"八百壮士"扎根东北、爱国奉献、艰苦创业的奋斗故事宣讲，精心策划红色孕育、祖国以光、卫国镇海等15个红色教学点，策划推出全国高校第一个在主要城市核心商业区的红色文化传播平台"哈工大中心"，全面改造升级校博物馆、航天馆，连点成线形成沉浸式红色校园文化"大场域"，使党外知识分子在漫步校园时受到自然浸润、滴灌熏陶，主动对标对表找差距、明路径，推动红色血脉赓续发力。

三是导之以"行"。发挥实践育人优势，每年组织党外知识分子广泛参与"走龙江看发展""云沙龙""同心讲坛""午间交流会"等各类实践活动，组织党外知识分子赴哈尔滨政协文史馆、空间环境地面模拟装置等开展实地参观见学，支持引导党外知识分子在实践中观察对比、校准坐标，在潜移默化中找到最大公约数、画好最大同心圆。

二、强化团结凝聚，巩固勠力同心共担使命的浓厚氛围

习近平总书记强调，"统一战线因团结而生，靠团结而兴""要认真贯彻党的知识分子政策，尊重劳动、尊重知识、尊重人才、尊重创造，做到政治上充

分信任、思想上主动引导、工作上创造条件、生活上关心照顾，多为他们办实事、做好事、解难事"。哈尔滨工业大学党委深刻把握大团结大联合这一统战工作的本质要求，坚持多措并举加强党外知识分子队伍建设，推动党的领导优势转化为团结凝聚优势，持续筑牢奋发有为、后继有人的人才高地。

一是大胆使用举贤才。坚持"唯才是举、不分党内党外"的人才工作导向，将党外代表人士队伍建设纳入学校干部人才工作总体规划，有计划、有步骤地"把一部分优秀人才留在党外"。近年来先后推荐10余名党外知识分子赴黑龙江省哈尔滨市有关部门和学校定点帮扶地区开展校外挂职，年均选拔2名党外青年后备人才开展校内挂职。

二是以点带面强关键。坚持聚焦党外代表人士这一"关键少数"，建立了党委组织部和党委统战部"共同制定培训计划、共同量身定制课程、共同组织培训环节"的培育培训机制，制订实施"培养10位左右旗帜性代表人士、50位左右骨干代表人士、100位左右青年后备人选"的"151"党外代表人士培养计划，分批组织到延安、井冈山、红旗渠、嘉兴等红色革命圣地集中培训，实现党外代表人士"红色教育"全覆盖。

三是用心用情交朋友。坚持像做"佛跳墙这样的功夫菜"一样做好联谊交友工作，组织党员特别是校领导和院系班子中的党员干部每人常态化联系2～3名党外知识分子，全面实施党员骨干与党外知识分子联谊交友，设立党外知识分子工作专项资金补贴、培训经费和活动经费，形成思想上主动了解、生活上主动关怀、工作上主动解忧的良好局面，相关工作经验在黑龙江省统战工作会议、统战部长会议上作交流发言。

三、强化平台支撑，激发干事创业追求卓越的强劲活力

习近平总书记强调，"统一战线是凝聚人心、汇聚力量的强大法宝""做好党外知识分子工作，充分尊重是前提，加强引导是关键，发挥作用是目的"。哈尔滨工业大学党委充分发挥统一战线强大法宝作用，坚持围绕中心服务大局，积极搭建事业平台，助力党外知识分子在干事创业中担当作为、扛旗夺标、实现价值。

一是建强成长助推平台。充分发挥航天第一校"尖兵"作用，紧密围绕国家重大战略实施和经济社会发展需求建设全国重点实验室、国家工程实验室、国家级系统创新中心、国际联合中心等科研攻关和人才成长平台60余个，助力党外知识分子施展才华、脱颖而出、快速成长。学校党外知识分子占全校专任教师总数的36%，其中有两院院士3人，国家级高层次人才、国家级高层次青

年人才等160余人，党外知识分子任负责人的11个团队入选黑龙江省"头雁计划"。

二是建强建言献策平台。坚持情况通报意见建议直通车制度，定期组织党外知识分子召开情况通报会、座谈会和征求意见会等。围绕国家和黑龙江省经济社会发展常态化开展课题立项，广大党外知识分子集聚众智、参政议政、建言献策热情高涨、成果丰硕。学校现有各级人大代表、政协委员、政府参事近50人。"九三楷模"贾德昌教授牵头完成"科技创新何以驱动东北三省工业转型升级"课题，并受邀在全国政协专题协商会上发言；民盟盟员于渤教授牵头完成"哈尔滨深圳产业园体制机制创新建议"，为推动龙江振兴发展贡献力量。

三是建强建功立业舞台。坚持以国家战略需求为导向，支持党外知识分子把论文写在祖国大地上，一大批党外知识分子在服务社会中实现个人抱负、升华报国之志。创新打造党外知识分子"同心工作站"，与哈电科技、龙江环保、安天科技等企业签约联合共建，合力攻克"卡脖子"技术，服务高水平科技自立自强和龙江振兴发展。组织党外知识分子聚焦"国之大者"攻坚克难，一批关键核心技术有力支撑探月、探火、天宫、北斗、C919、华龙一号、F级重型燃气轮机等国家重大工程。民进会员邓宗全院士潜心宇航空间机构及特种机器人关键技术研究、获黑龙江省最高科学技术奖；省知联会会长、无党派人士范峰教授担任FAST结构系统总工程师、获"FAST工程重要贡献人员"表彰；黑龙江省人大代表、民革黑龙江省委员会副主任委员谭忆秋教授团队多项关键技术落地北京大兴机场、川藏公路等国家重点工程，服务"一带一路"合作伙伴交通建设。

面向新征程，哈尔滨工业大学党委将始终坚持以习近平新时代中国特色社会主义思想为指导，以习近平总书记致哈工大建校100周年贺信精神为引领，不断完善大统战工作格局，聚焦服务中心大局，积极拓展党外知识分子工作新路径，推动统战工作高质量发展，为奋力开创哈工大新时代新征程卓越发展新局面凝聚人心、汇聚力量，努力为强国建设、民族复兴伟业再添新功。

（哈尔滨工业大学　熊四皓）

坚持"三个结合"
强化党外知识分子统战工作

北京理工大学党委坚持以习近平新时代中国特色社会主义思想为指导，紧紧围绕党和国家工作大局以及一流大学建设目标，以凝聚人心、汇聚力量为根本任务，持续加强对党外知识分子的政治引领、价值观引领和事业引领，引导学校党外知识分子不断增强"四个意识"、坚定"四个自信"，拥护"两个确立"、做到"两个维护"，统一战线强大法宝作用进一步彰显。

2023年7月，北京理工大学组织党外人士赴河南省红旗渠廉政教育学院
举办第十五期党外人士研修班

一、坚持思想引领和精准思政相结合，着力引导党外知识分子增进政治共识

突出运用党的创新理论培根铸魂。北京理工大学党委紧扣加强党对统一战线工作的集中统一领导这个根本，把用习近平新时代中国特色社会主义思想培根铸魂作为首要政治任务，加强党外知识分子的教育培训，促进他们学习党的基本理论、基本路线、基本方针，不断增进党外知识分子对中国共产党和中国特色社会主义的政治认同、思想认同、理论认同、情感认同，保证统一战线工作始终沿着正确政治方向前进。积极构建党委统一领导、统战部门牵头协调、有关部门各负其责的大统战工作格局，健全"三项制度"，做到"三个同步带动"。健全党委理论学习中心组学习制度，同步吸纳党外知识分子参加，带动党外知识分子始终紧跟党中央重大决策部署；健全教师每月半天理论学习制度，同步吸纳党外知识分子参加，带动党外知识分子不断强化思想理论武装；健全党内集中教育制度，同步吸纳党外知识分子参加，带动党外知识分子不断坚定理想信念、筑牢思想根基。此外，北京理工大学党委还建立了党外知识分子经常性理论学习制度，连续14年组织开展"党外代表人士研修班"和主题教育实践活动；2021年以庆祝中国共产党成立100周年为契机，连续推出30余期"统战史话"新媒体连载栏目，组织拍摄《永远跟党走　奋进新征程》主题视频短片，将党外知识分子思想政治引领抓在经常、融入日常。

持续强化以精准思政凝心聚力。北京理工大学党委充分发挥思想政治工作优势和"生命线"作用，强化责任意识，改进工作办法，不断增强做好党外知识分子思想政治工作的能力本领。针对党外知识分子不同对象群体的特征，坚持精准施策、分类推进，面向学校党外知识分子中的高层次人才，每年举办"同心课堂"；结合民主党派人才荟萃、智力密集、联系广泛的优势，举办"同心讲堂"，为民主党派成员搭建沟通交流、增进共识的平台；针对留学回国青年教师群体日益增多的情况，把红色校史教育作为"进校第一课"，每年坚持组织新入职教师赴延安开展"寻根计划"，用"延安根、军工魂"红色基因滋养青年教师的初心使命。搭建归国留学人员活动平台"同心荟"，团结引导留学回国青年立足本职岗位建功立业。坚持一手抓教育引导，一手抓激励支持，助力党外知识分子的事业发展，如支持引进的党外知识分子迅速组建高层次科研团队，建设工作平台，拓展研究方向，寓引导于服务之中。

二、坚持培养使用和典型带动相结合，着力加强党外知识分子队伍建设

健全培养选用机制，建设高素质党外知识分子队伍。重视发挥党外知识分子作为党外代表人士的源头作用，把党外知识分子队伍建设纳入重要议事日程，纳入学校人才和干部队伍建设总体规划，注重在党外知识分子中选拔培养党外干部，支持优秀党外干部在办学治校中发挥积极作用。组织力量跟踪调研，将党外知识分子纳入视野，建立党外知识分子人才数据库。加强党外代表人士挂职锻炼，进一步提升党外代表人士政治把握能力、参政议政能力、组织领导能力、合作共事能力。经过培养锻炼，一些党外知识分子走上了学校重要管理岗位，4位同志担任学院院长，在推动一流大学建设方面发挥着重要作用。如第十五届北京市人大代表、数学与统计学院院长田玉斌带领学院入选学校首批综合改革试点单位，为深化综合改革、激发学院办学活力提供示范样板；第十四届北京市政协委员、物理学院院长姚裕贵带领物理学科入选第二轮"双一流"建设学科，为学校理科发展注入新动能；第十届海淀区政协常委、设计与艺术学院院长杨建明带领学院大力推进科艺融合育人，服务支持学校一流人才培养。无党派人士、光电学院院长赵维谦入校后，带领学院瞄准国家重大需求，攻坚克难，在国家重大专项推进、国家自主可控工程建设中发挥重要作用，为学校新工科建设助力赋能。

强化典型带动，选树党外知识分子"领头雁"。落实将师德师风作为评价教师队伍素质的第一标准，教育引导党外知识分子教师争当有理想信念、有道德情操、有扎实学识、有仁爱之心的"四有好老师"，争做学生锤炼品格、学习知识、创新思维、奉献祖国的"四个引路人"，涌现出了以"全国五一劳动奖章"获得者王涌天等为代表的一批优秀教育工作者。广大党外知识分子活跃在学校教书育人、科研创新第一线，带领团队团结协作、艰苦攻关，以实际行动践行教书育人的职责使命，坚定矢志不渝跟党走的信念信心。积极举荐优秀党外知识分子担任各级人大代表、政协委员，鼓励支持党外知识分子在更高平台施展才华、实现价值。

三、坚持平台建设和组织动员相结合，支持党外知识分子在更大领域发挥积极作用

支持党外知识分子充分发挥在学校治理中的重要作用。注重发挥民主党派和无党派人士民主管理、民主监督作用，坚持每年定期召开党外代表人士校情

通报会和征求意见座谈会。畅通建言履职渠道，组织开展重大决策征求意见、调研协商学校发展等活动，支持各民主党派、无党派人士围绕学校改革发展、"十四五"规划制定与实施提出意见建议。建立党委与党外知识分子联系机制、校领导与党外知识分子交友谈心制度，将22名各级政协委员、学校民主党派基层组织主委、党外知识分子联谊会负责人及无党派代表人士纳入学校领导班子成员联系党外代表人士名单，校领导通过电话、座谈、走访等方式与党外代表人士进行深入沟通和交流，了解思想动态，听取意见建议。

支持党外知识分子积极服务国家重大战略和经济社会发展大局。充分考虑党外知识分子理论造诣深、专业水平高、科研能力强的特点，加强对党外知识分子队伍科研攻关的支持保障，积极服务国家重大战略和经济社会发展大局。如在疫情防控中，组织党外知识分子自觉响应党中央及工业和信息化部、北京市委号召，主动开展疫情防控科研攻关，为打赢疫情防控阻击战贡献力量，学校统一战线同心抗"疫"工作获得北京市委统战部通报表扬。建立党外人士参政议政激励机制，设置专项经费支持党外人士围绕党和国家重大课题开展深入调研，积极建言献策。全国政协委员王涌天领衔提出的《关于发展在线教育促进教育公平》的提案被评选为全国政协2021年度好提案，2022年王涌天获评政协第十三届全国委员会优秀提案奖。

在全面建设社会主义现代化国家的新征程上，北京理工大学党委将进一步提高政治站位，强化阵地意识，深刻把握大团结大联合主题，全面贯彻落实《中国共产党统一战线工作条例》，团结带领党外知识分子进一步凝聚共识、汇聚力量，为加快建设中国特色世界一流大学，实现中华民族伟大复兴的中国梦贡献智慧和力量。

（北京理工大学 张军）

强化政治引领　激发奋进力量
做好新时代高校党外知识分子工作

习近平总书记要求，必须做好党外知识分子和新的社会阶层人士统战工作；并强调，要以凝聚共识为根本，以爱国奋斗为目的，鼓励支持他们立足本职建功立业，积极投身改革创新一线，施展才华和抱负。西北工业大学党委坚持以习近平新时代中国特色社会主义思想为指导，深入学习贯彻习近平总书记关于做好新时代党的统一战线工作的重要思想，准确把握新时代党外知识分子工作的新趋势新要求，以"四个凝聚"为使命，以"三个以"为抓手，强化思想政治引领，改进工作方式方法，激发党外知识分子建功立业的热情，自觉扛起"强国有我"的责任担当，在主动融入服务国家战略中展现更大作为。

2022年6月,西北工业大学举办第二届"知联论坛"学术交流活动

一、以特色主题教育为重点，强化思想引领

学校党委牢牢把握"党外知识分子工作，是统一战线的基础性、战略性工作"这一重要论断，学深悟透习近平总书记关于做好新时代党的统一战线工作的重要思想，强化党外知识分子思想引领和共识凝聚工作实效。

一是突出特色，增强实效。结合新时代党外知识分子的思想特点与工作实际，探索出以红色文化教育、优秀传统文化、系列专题教育、校史校情教育、助力乡村振兴、社会考察活动、学术实践活动、人文关怀活动为重点，系统化、精准化、模块化、常态化的"八个以"教育模式，全面提升思想引领工作实效。先后组织党外知识分子等赴延安、井冈山、重庆、红旗渠等爱国教育基地开展主题研修班30余次，共计1500余人次参加。学校党外知识分子思想政治教育经验做法受邀在工信部和陕西省相关会议上作发言交流，并被作为典型案例出版发行。学校侨联创新开展的"地方侨联+高校侨联+校友会"的教育模式，受邀在全国侨联系统作经验介绍。民建西工大支部、民进西工大总支等荣获"全国先进基层组织"等称号。

二是聚焦主题，创树品牌。结合"学党史、跟党走""弘扬爱国奋斗精神、建功立业新时代""不忘合作初心，继续携手前进"等主题教育，积极发挥党派团体特色优势，凝练打造党外知识分子"知联论坛""科技之光走进大学生""烛光行动"、归国留学人员"科学交流坊"等8个特色品牌，近年来共举办60余场主题活动，累计有1300余人次参加，先后被人民网等主流媒体报道20余次。民盟西工大委员会荣获民盟中央"思想政治建设和宣传工作先进集体"，民进西工大总支荣获民进中央"全国思想宣传先进集体"，先后有10余人次获得民主党派中央思想政治建设先进个人。

三是启智润心，凝聚共识。高举爱国主义、社会主义伟大旗帜，构筑思想政治教育全覆盖体系，围绕统一战线、民族宗教等，先后邀请原国家宗教局局长叶小文、原重庆市政协副主席陈万志、中国民主党派历史陈列馆原馆长林勇、中国延安干部学院副院长赵耀宏等20余位专家学者做客"同心·学堂"，党外人士累计参与3000余人次。专家学者们结合具体案例深入浅出地讲解，带领大家深刻领悟习近平新时代中国特色社会主义思想和习近平总书记关于做好新时代党的统一战线工作的重要思想，助力提升党外知识分子思想政治教育的针对性和实效性，进一步筑牢思想根基，凝聚团结奋斗的思想共识。

二、以素质能力建设为目标，助力成长成才

学校党委坚决落实"加强党外知识分子工作，做好新的社会阶层人士工作，发挥他们在中国特色社会主义事业中的重要作用"这一任务，充分发挥民主党派和无党派人士智力优势，支持和帮助党外知识分子强化责任担当，保持优势特色，做到"双岗建功"。

一是加强组织，凝心聚力。按照《关于加强中国特色社会主义参政党建设的意见》，对标新时代民主党派5种能力建设要求，加大对基层组织建设的支持和帮助力度，通过系列教育活动，提高政治站位，提升履职能力，强化责任担当，发挥界别特色优势，创建品牌特色活动。学校成立了归国留学人员联谊会、党外知识分子联谊会，完成民主党派基层组织、侨联换届工作，形成了以中国科学院院士、高层次人才为核心的领导班子，不断加强民主党派、统战团体基层组织建设，增强基层组织的凝聚力和向心力。

二是搭建平台，提升能力。成立青年委员会、参政议政小组，举办党外知识分子参政议政能力提升培训班等，培养他们参政议政意识和合作共事能力，提升撰写提案、反映社情民意等能力和水平，助力青年党外知识分子成长成才。近几年，广大党外知识分子主动聚焦疫情防控、"三农"、科技创新、教育等工作提交提案、建言献策近150条，被全国政协、民主党派中央、省级部门等采纳30余条，并涌现了一批民主党派中央"全国履职能力建设先进个人""社会服务先进个人""反映社情民意信息工作先进个人"。

三是发挥优势，服务社会。支持党外知识分子发挥政治、人才、制度上的优势，通过意见征集会、教代会、校情通报会等，围绕学校人才培养、科学研究、师资队伍建设等服务经济社会发展和国家重大战略实施。学校侨联主席张卫红院士带领的航空宇航先进结构设计与制造研究团队获得"中国侨界（创新团队）贡献奖"，获批为"中国侨联新侨创新创业基地"。民进会员高正红教授带领团队冲破国外技术封锁，为国产大飞机C919设计了翱翔蓝天的"翅膀"，获"全国创新争先奖状"。无党派人士周洲教授团队的"太阳能Wi-Fi无人机"先后获第二十届中国国际工业博览会银奖等，其本人获"各民主党派、工商联、无党派人士为全面建成小康社会作贡献先进个人"称号。

三、以体制机制建设为统领，强化责任担当

学校党委始终牢记"统一战线工作是全党的工作，必须全党重视，大家共同来做"这一要求，强化制度保障，校内多方联动，不断提高党外知识分子向

心力、凝聚力和影响力。

一是高度重视，统筹谋划。学校党委把党外知识分子思想政治工作摆在重要位置，学校成立了思想政治工作领导小组、统一战线工作领导小组，党委书记担任组长，构建了党委统一领导、统一战线工作领导小组牵头抓总、统战部协调、各基层党委共同参与的党外知识分子思想政治工作体系。按照要求，学校党委定期研究部署党外知识分子思想政治工作，主动与党外知识分子联谊交友。

二是健全制度，形成合力。加强党对统战工作的领导，根本要靠体制机制。学校党委印发《中共西北工业大学委员会关于加强和改进新时代教师思想政治工作的实施方案》《关于加强新形势下党外代表人士队伍建设的实施意见》《关于支持党外代表人士发挥作用的若干规定》等，为进一步做好党外知识分子思想政治工作提供制度保障。坚持上下联动，加强校院两级协同工作，发挥好学院的基础性作用。坚持校内多方联动，形成齐抓共管、协同配合的工作格局，党委相关部门在人才推荐、挂职锻炼等方面加强沟通等。

三是严格考核，压实责任。学校将党外知识分子工作列入学校党委全面从严治党工作要点，列入学院党组织年度工作考核体系；将党外知识分子担任社会职务、建言献策等方面的优秀成果纳入教职工个人年终绩效考核体系。通过考核激励机制更好地激发和调动党外知识分子群体的积极性和创造性，充分把智慧转化为成果，为进一步发挥作用提供了保障。

坚守初心担使命，砥砺奋进开新局。西北工业大学党委将继续深入学习贯彻习近平新时代中国特色社会主义思想，认真学习贯彻党的二十大精神，完整准确全面理解习近平总书记关于做好新时代党的统一战线工作的重要思想，全面贯彻落实中央统战工作会议精神和《中国共产党统一战线工作条例》，从战略和全局的高度充分认识高校党外知识分子统战工作的特殊性和重要地位，突出政治引领，团结人才、凝聚人心、汇聚力量，进一步开创党外知识分子统战工作新局面，为建设中国特色世界一流大学、实现中华民族伟大复兴汇聚智慧和力量。

（西北工业大学　肖静　曹刚）

"搭架子""引路子""压担子""扶梯子"
推进实施党外代表人士队伍建设"1421"工程

　　高校是党外代表人士的汇集高地和重要源头，扎实推进高校党外代表人士队伍建设是时代赋予高校的职责使命。中国科学技术大学党委高度重视党外代表人士队伍建设，认真学习贯彻习近平总书记关于做好新时代党的统一战线工作的重要思想及中央统战工作会议精神，认真贯彻落实《中共中央关于加强新形势下党外代表人士队伍建设的意见》《中国共产党统一战线工作条例》，加强统筹规划，强化教育培养，大胆选拔使用，完善工作机制，多措并举推进实施"1421"工程，党外代表人士队伍建设取得新成效。

2020年5月，中国科学技术大学校长包信和院士参加"美好安徽智汇行"

一、强化规划引领，统筹布局"搭架子"

习近平总书记强调，"培养使用党外代表人士，是我们党的一贯政策。要加大党外代表人士培养、选拔、使用工作力度"。校党委把加强党外代表人士队伍建设作为统一战线的基础性、战略性工程，放在学校发展大局中统筹谋划和强力推动。一是坚持规划引领。校党委根据中央对党外代表人士队伍建设的要求，结合学校人才和干部队伍建设总体规划，立足高校党外代表人士成长规律，制定了《关于加强新形势下党外代表人士队伍建设的实施意见》，推进实施党外代表人士队伍建设"1421"工程（即在党外知识分子群体中建立100名左右的党外代表人士后备人才库，培养40人左右作为学校副处级以上后备干部队伍，推荐20人左右在省级各部门或团体组织任职、10人左右在全国人大、政协和各党派中央任职），建设一支数量充足、结构合理、素质优良、作用突出的党外代表人士队伍。二是合理配置政治资源。校党委认真贯彻落实把一部分优秀人才留在党外的政策规定，统筹兼顾中共党员、民主党派成员和无党派人士的发展，实现党外代表人士的合理配置，保证党外代表人士的使用有序有备。近5年，共有65人申请加入民主党派，其中各类人才25人。同时，校党委统筹安排政治素质好、学术水平高，有一定代表性且年富力强的3位教授加入民主党派，并在换届时分别担任民主党派主委，顺利实现政治交接，保证了统一战线可持续发展。三是建立后备人才信息库。校党委经常深入院系、实验室、民主党派基层组织开展调研，对全校党外人士进行调查摸底和梳理分类，从教学、科研、管理一线，在民主党派成员、高层次人才、归国留学人员群体中物色优秀人才，充分发挥学校党外知识分子联谊会、欧美同学会联系人才、发现人才、凝聚人才的作用，健全完善党外代表人士和高层次人才信息库，实行动态更新、动态管理，积极为党外代表人士发现储备"涵养水源"。

二、提升能力素质，教育培养"引路子"

校党委坚持把党外代表人士的教育培养纳入学校干部教育培训总体规划，全面提升党外代表人士的政治把握能力、参政议政能力、组织协调能力、合作共事能力、解决自身问题能力。一是多途径加强教育引导。根据党外代表人士成长规律和履职需要，有针对性地制订培养计划，积极选送党外代表人士参加中央和省市统战部门、各民主党派上级组织举办的30多个专题培训班的学习，每年举办中层领导干部培训班、党外人士培训班、青年骨干教师研修班，受训人数累计达400多人次；组织党外代表人士赴金寨、泾县等地开展"不忘合作初心，继续携手前进"主题教育实践活动，支持党外人士开展中共党史学习教育，开展国情校情教育，增强"四个意识"、坚定"四个自信"、做到"两个维护"，筑牢共同思想政治基础。二是多渠道加强实践锻炼。新一代党外代表人士大多是专业型人才，管理经验较少，实践锻炼不多，单靠个人很难较快成长。近年来，校党委有针对性地推荐了8名优秀党外人士在校内和到市县挂职，给他们交任务、提要求、压担子，经过实践锻炼，他们政治觉悟提升，组织协调、合作共事能力明显提高。三是多维度锤炼履职本领。组织党外知识分子参加中央统战部党外院士专家与留学人员国情考察服务团和安徽省知联会组织的"美好安徽智汇行"，赴安徽、广西等地开展考察调研活动，为地方经济社会发展和企业发展把脉问诊，在考察中了解国情，在建言献策中磨砺能力；鼓励党外人士积极参与党派组织的建言献策类课题调研，提高自身调查研究能力。其中，由校九三学社社员承担的建言材料被社中央作为集体提案提交至全国政协十三届五次会议。同时，邀请省政协的领导来校加强参政议政、服务社会方面的培训，不断提升党外代表人士的履职能力。

三、拓宽选人渠道，择优选用"压担子"

校党委坚持"使用就是最好的培养"的理念，认真贯彻落实《党政领导干部选拔任用工作条例》规定，切实做好党外人士实职安排和政治安排，让其人尽其才，才尽其用。一是加大实职安排力度。校党委坚持"德才兼备、以德为先，五湖四海、任人唯贤"的原则，严格按照干部选任程序，遴选优秀党外人士进入校机关部门、院系班子，直接参与学校管理，改善干部队伍的年龄结构、职称结构和党派结构。目前，学校校长、常务副校长和1名副校长为党外代表人士，31名党外人士担任副处级以上领导职务，占处级干部总数的15.5%。二是优化政治安排结构。校党委积极物色、主动举荐党外代表人士到各级人大、政协任职，让他们在更广阔舞台上发挥积极作用。现有30名党外代表人士担任各级人大代表、政协委员、政府参事、文史馆员。包信和、潘建伟、杨金龙等一批党外代表人士每年利用两会平台，积极参政议政，提交的许多提案见解独特、内容丰富、可操作性强，受到国家部委和省市有关部门和领导的重视及新闻媒体的关注。三是拓宽民主管理渠道。校党委邀请党外代表人士参加党委扩大会议、座谈会、情况通报会，聘请民主党派主委担任特邀监察员，参加学校财务预算专家委员会、教代会各专门委员会；邀请党外人士积极参与学校"十四五"发展规划、一流本科教育质量提升行动纲领等重点工作的研讨，鼓励他们开展调查研究，并提供必要的财物支持和政策保障，让他们更多地了解校情、国情，争取站在更高层面、用更开放的视野思考并提出意见与建议，推进学校依法治校、民主治校、科学治校。

四、完善体制机制，强化保障"扶梯子"

校党委建立健全长效工作机制，进一步提高党外代表人士队伍建设的科学化水平。一是健全领导体制。校党委把加强党外代表人士队伍建设纳入重要议事日程，常委会每年定期听取统战工作及党外代表人士队伍建设情况汇报，研究和部署重点工作，积极构建党委统一领导、统战部门牵头协调、各有关部门协调配合的大统战工作格局。制定出台《关于加强和改进新形势下统一战线工作的实施意见》，建立健全重大问题征求党外人士意见、与党外代表人士联谊交友等一系列统战工作制度，有效推动了党外代表人士队伍建设的制度化、规范化。二是完善沟通配合机制。作为党委两个重要职能部门，党委组织部、统战部合署办公，既有明确分工，又有密切配合，两部门围绕党外代表人士的发现、培养、使用、管理等环节，定期召开联席会议，定期研究党外人才工作，共同制定规划、共同物色选拔、共同培养教育、共同考察人选、共同讨论研究、共同督促检查，做到目标同设、人选共选、责任共担，真正形成合力。三是构筑多层次管理体系。坚持党内党外同标准、共要求，运用民主评议、述职述廉、年度考核、干部考察等方式做好党外干部的日常管理与考核，及时了解掌握党外代表人士的政治表现、思想状况、履行职责、廉洁自律和个人重要事项变化等情况，特别是在重大原则问题上的政治立场和态度，积极推进党外代表人士考核评价规范化、常态化，促进党外代表人士健康成长。

加强新形势下的党外代表人士队伍建设事关全局、事关长远，中国科大党委将继续认真学习贯彻《中国共产党统一战线工作条例》，统筹安排，多措并举，不断推进党外代表人士队伍建设，为扎实推进"双一流"大学建设凝聚强大合力。

（中国科学技术大学　舒歌群）

做好留学人员和港澳台侨海外统战工作

以"书记下午茶"为载体
提升归国留学人员思想引领实效

　　习近平总书记在给南京大学留学归国青年学者的回信中，希望他们大力弘扬留学报国的光荣传统，以报效国家、服务人民为自觉追求，在坚持立德树人、推动科技自立自强上再创佳绩，在坚定文化自信、讲好中国故事上争做表率。2019年以来，在上海财经大学党委领导下，党委统战部牵头创建党外知识分子思想政治工作品牌——"书记下午茶"。该品牌旨在以创新性形式加强校领导与归国留学人员的交流沟通机制，在校、院、支部三层次搭建"书记下午茶"平台，构建起高层次人才思想政治教育常态化平台，营造"敬才、用才、聚才、留才"的良好环境，形成"倾听心声、贴近需求、关心发展、促进改革"的良好氛围，激发归国留学人员的报国热情，为学校和地方高质量发展注入新动能。

2019年12月，上海财经大学举办第七期"书记下午茶"

一、以政治引领为着力点，夯实共同思想政治基础

"书记下午茶"是学校党委学习贯彻习近平新时代中国特色社会主义思想的重要举措，旨在把党的领导贯穿到高校立德树人全过程。其以搭建"面对面交流、心连心互动"思政工作平台的形式，践行"一线工作法"，把党外知识分子思政工作做到广大归国留学人员心坎上，广泛凝聚全校高层次人才，夯实思想政治工作基础。

带头以上率下，推动党的领导全面覆盖、一贯到底。学校坚持党委总揽全局、统筹设计，召开党委常委会专题讨论，印发《关于推进上海财经大学书记谈心系列活动的通知》，校党委书记、校长等班子成员高度重视，以上率下，每期都能保证有10人左右参加，在活动中把方向、谋大局，推进党外知识分子思政工作循序渐进、步步深入。活动还邀请党务部门负责人、职能部门支部书记参与，就国家大政方针、党的最新理论以及学校改革发展进行座谈，以"谈心"方式践行党管人才、党管思想政治和党管意识形态等任务；活动以"灵活设置主题+漫谈"的形式，将现阶段重点工作、重要部署及重大决策等融入谈心之中，把坚持和加强党的全面领导贯穿到高校立德树人、思政育人全过程、各领域，切实推动党中央、市委及学校重大决策部署纵深传递和落地见效。

丰富"书记"内涵，推动归国留学人员思政工作全域覆盖。"书记下午茶"的"书记"一词内涵丰富、群体广泛、层次分明，既包括学校党委班子成员，也涵盖党务部门负责人、二级党组织班子成员及基层党支部书记等，服务对象为全校所有归国留学人员。"书记下午茶"坚持立体化设计，以校、院、支部三个层次全面延展归国留学人员的思政工作，让"书记"深入基层、深入实际、深入群众，直面一线党外教师群体的所思所想、所感所悟、所惑所求，切实提升思政工作实效。坚持把"书记"作用贯穿于工作全过程，各级党委班子亲自部署、亲自指导、亲自参与、亲自落实，在活动中带头领学党的路线、方针、政策，带头领讲习近平新时代中国特色社会主义思想，引导党外教师自觉服务于党和国家的建设，自觉接受中国共产党领导，坚定正确的政治方向，切实将坚持和加强党的全面领导贯穿到高校立德树人、思政育人全过程各领域。

二、以"大统战"格局为着力点，形成同轴共转工作合力

"书记下午茶"探索以融入式、嵌入式、渗入式方法，推动解决归国留学人员在思想、心理、生活、成长等方面的实际问题，切实提升思政工作实效。学校每期"书记下午茶"的举办都得到各院所（部）的支持与协助，构建起党

委领导、党委统战部牵头、多部门相互协作的工作机制,推动思政工作常态长效。

多方协作联动,构建"大统战"工作格局。发挥党委协调各方的作用,推动党委组织部、党委宣传部、党委校长办公室、图书馆和保卫部等多部门协助做好保障工作,完善各项保障机制,推进"书记下午茶"层层落实、步步深入,加快形成党委统一领导、统战部牵头协调、有关方面各负其责的"大统战"工作格局。发挥校友企业辐射作用,将每月1期的思政育人品牌"书记下午茶"搬出上海,移到苏州校友企业东南电梯股份有限公司,引导留学归国人员等党外知识分子进工厂、下田间,为党外知识分子搭建长三角国情教育基地。与"走进"系列相融合,创新"书记下午茶"2.0版本,让"书记下午茶""走进"二级学院,了解学校的发展历史,增强认同感和归属感,为做好思政育人工作筑牢根基。

坚持长效常态,健全校园治理体系。"书记下午茶"以"书记+归国留学人员"的工作模式,探索出一条"加强思想引领、抓实培育培养、助力成长成才"的新路径,优化了党外人士的"选育管用"体系。定期与二级学院(所、部)等开展党外知识分子走访调研工作,遴选出优秀的高层次人才参与活动,不断充实归国留学人员的人才储备库,为知联会、欧美同学会等组织吸纳优秀党外知识分子提供源头活水。与党委组织部建立联席机制,将党的需要与学校工作相结合,输出部分归国留学人员到民主党派或认定为无党派人士;同时向市委统战部、民主党派市委等上级组织推荐优秀的归国留学人员作为党外后备干部,切实建好党外人才"蓄水池"。

三、以品牌宣传为着力点,坚持同学同研同行同讲

"书记下午茶"活动以其新颖的工作模式、轻松的工作平台、持续的工作作风,在校内外引发了强烈反响。教育部官网、央广网、人民网、"学习强国"等近30家权威媒体广泛报道,报道总数有50余篇;活动得到了市委、教育系统的兄弟院校、地方侨联、欧美同学会等认可,让"书记下午茶"的影响力持续增强,已然成为弘扬留学报国传统,激发留学报国热情的重要品牌。

坚持同频共振,开创高校思政工作新格局。"书记下午茶"是高校党外知识分子思想政治教育工作的新平台,校领导与归国留学人员围坐一堂,以桌为单位,面对面、心相连、话思政、谋发展,时不时还调换位置,及时对归国留学人员的意见和建议做好相关记录,切实解决教师提出的困难。截至2022年底,"书记下午茶"共计举办68期次(校级活动举办18期,二级单位举办活动

50次），覆盖受众700余人次。活动以"书记谈心+"的方式，构建新机制，建好新平台，用好新媒体，让思政工作更加有时代感和吸引力。活动期间，教育部和市委领导给予充分肯定，区委、企业、各院（所、部）、校董校友各方响应，给予各方面持续性的支持，为加速形成全方位、整体性、多层次的"大思政"工作格局增进共识、凝聚力量。

坚持"四同"模式，推动高校思政工作高质量发展。"书记下午茶"发挥党委主导和归国留学人员主体协同作用，探索"同学同研同行同讲"思政模式和机制。党委坚持问题导向，结合时政热点，在活动中设立同研主题，使归国留学人员在"同学同研"中达到思想政治理论认识上的同频共振，切实解决教师思想困惑。依托市委统战部、市教卫工作党委及学校党委的思政课题平台，健全"同学同研"机制。以习近平总书记对南京大学留学报国传统的充分肯定为引领，以"同行"为载体组织现场学习，选取了长三角地区的9个场地，构筑起校内外联动、市内外拓展的国情社情考察学习基地，深入开展爱国主义系列教育实践活动。以"同讲"为内容，把爱国主义教育、留学报国情怀融入实践教学各环节，把理论宣讲送到田间地头、工厂社区。2022年，"书记下午茶"获评上海党外知识分子思想政治工作十佳案例。

（上海财经大学　周杰普　曹姝　李铭伟）

聚焦"四个着力"
助力留学归国学者"再创佳绩""争做表率"

党的十八大以来，以习近平同志为核心的党中央高度重视留学人员工作。2022年5月18日，习近平总书记给南京大学留学归国青年学者回信，勉励大家弘扬留学报国的光荣传统，以报效国家、服务人民为自觉追求，在坚持立德树人、推动科技自立自强上再创佳绩，在坚定文化自信、讲好中国故事上争做表率。这一重要回信着眼为伟大事业汇聚智慧力量，充分体现了习近平总书记对以南京大学留学归国青年学者为代表的留学人员的关怀厚爱，充分体现了以习近平同志为核心的党中央对留学人员工作的高度重视。

2023年2月，欧美同学会（中国留学人员联谊会）与南京大学
共同主办"学习贯彻党的二十大精神 谱写留学报国新时代华章"主题论坛

留学归国学者工作是高校留学人员统战工作和人才工作的重要组成部分。近年来，南京大学党委以习近平总书记关于做好新时代党的统一战线工作的重要思想为指导，认真贯彻《中国共产党统一战线工作条例》，坚持"尊重差异、包容多样、凝聚力量、共铸梦想"的工作理念，遵循"以引领为内涵、以服务为手段、以发展为目标"的工作思路，聚焦"四个着力"，助力他们在教学科研、建言献策、服务社会等领域"再创佳绩""争做表率"。

一、着力"大统战"这个基础，更好地聚拢留学归国学者工作合力

习近平总书记强调，留学人员是人才队伍的重要组成部分，也是统战工作新的着力点。随着国家人才强国战略的深入实施和高校"双一流"建设的不断推进，留学归国学者在高校师资队伍中的比重越来越大。学校党委认识到，做好留学归国学者工作不但是党的统战工作的应有之义，是国家人才工作的重要内容，也是学校自身发展的必然要求，是"国之大计""校之大计"。南京大学把留学归国学者事务作为学校一项全局性、综合性工作，和人才工作同谋划、同部署、同推进，不断强化主体责任、增强责任担当。成立南京大学统战工作领导小组，由校党委书记担任组长、统战和人事分管领导分别任副组长、相关职能部门负责人为组员。在全校教师党支部设立统战委员。形成了党委统一领导，统战部牵头协调，组织、人事、外事等部门和基层党组织共同参与的留学归国人员工作"大统战"工作格局，为学校开放视野选人才、灵活政策纳人才、不拘一格用人才、举全校之力服务人才的人才政策持续有效运行提供完备保障。

二、着力思想引领这根主线，更好地凝聚留学归国学者智慧力量

我国留学人员有着留学报国的光荣传统。南京大学以爱国主义为牵引，坚持凝聚共识和求同存异相结合、引导教育和自我教育相结合、解决思想问题和解决实际问题相结合，引导全体留学归国学者围绕中心、服务大局，不断提升捍卫"两个确立"、做到"两个维护"的自觉性和主动性。

一是以特色主题活动引领留学归国学者坚定信念。通过理论研讨、系统培训、实践锻炼等方式，开展学习贯彻习近平新时代中国特色社会主义思想主题教育，引导他们走近广大人民群众、走向广袤中华大地，增进对党史国情的深入了解，增强对中华民族、中华文明的文化认同。充分发挥学校李四光、程开甲等老一辈科学家以及身边的爱国报国先进典型榜样示范作用，引导留学归国

学者始终把国家富强、民族振兴、人民幸福作为努力志向，自觉使个人成功的果实结在爱国主义这棵常青树上。

二是在实践活动中增强留学归国学者使命担当。围绕疫情防控、脱贫攻坚和乡村振兴等国家重大活动，组织留学归国学者助力疫情防控，投身脱贫攻坚主战场开展调研，积极发挥作用。组织留学归国学者等统战系统成员先后赴井冈山、西柏坡等革命圣地开展红色教育，追寻红色足迹，体悟初心使命，引导他们坚定理想信念、把牢正确政治方向，坚定不移听党话、跟党走。

三是在帮助留学归国学者解决实际问题中画出最大同心圆。充分发挥学校统一战线工作领导小组的领导作用和基层党组织的战斗堡垒作用，加强对各院系留学归国学者的政治关注、组织关怀和生活关心。组织"新南大人"座谈会，开展"留学归国学者问卷调查"，组织侨务政策法规校园宣讲等活动。及时帮助留学归国学者解决居住、子女入学等实际困难，不断优化成长环境，求同存异、聚同化异，寻求最大公约数、画出最大同心圆。

三、着力平台打造这个关键，更好地助力留学归国学者成长成才

秉承人才报国、教育强国的初心使命，南京大学全面贯彻落实新时代统战工作和人才工作的新理念新思路新举措，坚持引育并举，突出平台建设，为留学归国学者展现个人才华、书写报国之志创造良好的人才生态环境。

一是系列学习平台。充分发挥我校大统战工作机制的协调合力和学科专业齐全优势，打造起留学归国学者回国后的党情国情校情教育适应性学习，到进校工作后的政治思想业务理论常态化学习，再到长期的全面发展终身学习系列学习平台，助力他们成长成才。

二是多元工作平台。围绕人才培养、队伍建设、社会服务等中心工作，开展"与'第一个南大'共奋进"系列活动，丰富"引凤工程走进南大""励行讲堂·留学归国学者世界名校系列宣讲会""新南大人""第一资源开发座谈会"等品牌内涵，加强"南京大学为侨服务工作站"实践基地和"华智全球治理研究院"智库平台建设。深入推进"地方侨联+高校侨联+校友会"工作模式创新，坚持"以侨引侨""以侨搭桥"，为留学归国学者创新创业牵线搭桥，为他们全面发展提供支持。

三是全面协同平台。充分发挥留学归国学者海内外联系广泛的人脉优势，加强与政府相关部门，各级欧美同学会及留学人员团体联系，和欧美同学会共同主办"学习贯彻党的二十大精神，谱写留学报国新时代华章"主题论坛，向海内外留学人员发出《奋进新征程留学报国倡议》，在南京大学建

设"留学报国基地"、苏州校区科创园实践基地以及"讲好中国故事"研习中心等基地平台，和江苏省欧美同学会共同创立"海创大讲堂"文化品牌，为留学归国学者讲好中国故事、传播好中国声音、当好行走的"中国名片"创造条件。

四、着力载体建设这个要件，更好地推动留学归国学者发挥作用

面对留学归国学者人数多、层次高、影响大的新形势，南京大学始终坚持"双轮驱动"，持续做好"个体"和"组织"建设载体，推动留学归国学者更好地发挥作用。

一是做好个体工作。学校主动对接，积极做好留学归国学者的个人服务和思想引领。开展联谊交友，校领导班子成员重点联系留学归国学者中的院士、"长江学者"等高层次人才，和他们建立常态化的交流联系机制。统战部通过理论学习、实践考察、开展活动等方式，不断强化与留学归国学者个体的交往互动，充分发挥他们的带动引领作用。

二是推进组织建设。围绕"留学报国的人才库、建言献策的智囊团、开展民间外交的生力军"标准，不断推进南京大学欧美同学会（南京大学留学人员联谊会）等统战团体组织建设。以围绕中心、服务大局为牵引，持续强化南京大学欧美同学会在留学归国学者工作中的服务联系、引领凝聚和桥梁纽带作用，把广大留学归国学者紧密团结在党的周围，聚拢在干事创业的中心，为学校"双一流"建设和国家发展贡献更大的智慧力量。

为有源头活水来。近十年，南京大学引进的40岁以下留学归国青年学者达291人。现有的海外留学归国师资队伍中，有两院院士23人、"长江学者"93人、杰青158人、黄大年式教师团队2个（36人）、国家教学名师6人。一支想国家之所想、急国家之所急、应国家之所需的留学归国学者队伍正在南京大学茁壮成长，并逐步成为支撑学校发展的中坚力量，在人才培养、科学研究、服务社会、文化传承创新以及国际交流合作等方面作出了重要贡献。

南京大学将以习近平总书记关于做好新时代党的统一战线工作的重要思想为指导，全面贯彻落实习近平总书记给南京大学留学归国青年学者的重要回信精神，以更加有力有效的思路举措，团结带领全校留学归国学者，心系"国家事""南大事"、肩扛"国家责""南大责"、志在"国家强""南大强"，在加快建设"第一个南大"、建功新时代中谱写南京大学留学归国学者工作的崭新篇章。

（南京大学　王建富　施国卿）

多措并举加强学校海外统一战线工作

　　西南交通大学党委认真学习贯彻落实习近平总书记关于做好新时代党的统一战线工作的重要思想，立足"两个大局"把握高校海外统战工作的时代使命，着眼思政引领、中外交流、组织起来，为实现中华民族伟大复兴贡献交大力量。

2021年5月,西南交通大学组织外籍专家代表赴邓小平故里参观

一、着眼思政引领，强化"三个重视"增进政治共识

　　一是重视国情教育。加强对港澳台侨师生的国情教育。利用庆祝中国共产党成立100周年等重要时间节点，组织涉侨人员开展国情考察；组织港澳台学生参加教育部国情教育网络培训等活动，增进对国情、社情、民情的了解。

　　二是重视活动聚心。面向港澳台侨师生、留学生、外籍教师，开展主题实践、座谈沙龙、文体晚会、走访慰问等多种形式的活动，增进思想和情感认同，注重在解决实际问题中凝聚人心力量。组织外籍专家参观邓小平故里，详细了解邓小平为中国革命和改革开放事业不懈奋斗的光辉一生；举办"中外师生（院长）座谈会"，帮助外籍教师快速熟悉中国科研环境，找到校内科研合作伙伴；帮助港澳台学生解决在学业、生活等各方面的困难，成为他们的"贴心人"。

三是重视激励示范。学校通过荣誉表彰、宣传展示等多种形式，选树典型人物，形成激励示范效应。向外推荐侨界人士，现有第十四届全国政协委员、四川知联会副会长、学校副校长周仲荣，国务院政府特殊津贴获得者黄楠等5人获得中国侨界贡献奖；助力四川欧美同学会副会长孙湛博等人"亮相"中央电视台、中国新闻社四川分社等权威媒体，展示侨界人士风采。此外，向教育部申请港澳台侨专项奖学金，助力品学兼优的爱国青年茁壮成长。

二、着眼中外交流，深耕"三个融入"促进民心相通

一是融入科研合作。目前，学校与60余个国家（地区）的200余所高校或科研机构建立了合作关系，建设了2个部级国际科研合作平台，成功创办国际轨道交通学术大会等系列国际学术会议，在国际科研合作交流中积极展示我国"智能交通""绿色交通"等领域的创新发展，阐释蕴含的新发展理念。此外，还积极在国际轨道交通领域提供中国方案，参与铁路合作组织、国际铁路联盟开展的国际标准制定等工作，输出中国标准；主导研发了世界首台高温超导高速磁浮工程化样车及试验线，获得国外CNN等媒体报道，以"大国重器"向世界展示国家科技实力。

二是融入文化交流。在中外文化交流中，润物无声地传播中华优秀文化，联合成都市广播电视台录制中英双语文化访谈节目"中外青年云对话Youth Link"，通过熊猫保护等主题，传递传统文化中人与自然和谐共生理念。同时，依托学校汉语国际教育学科的资源，积极与国际汉语教学组织联系沟通、提供培训，与苏格兰国家语言中心合作"线上教师交换项目"，在汉语课程中融入中国文化，让参与活动的苏格兰地区1500余名师生了解和感知中国。

三是融入人才培养。学校积极践行"人类命运共同体"理念，为"一带一路"建设培养人才，助力中非人文交流和推进东南亚合作，在培养人的过程中增进理解、缔结友谊。现已完成与印度铁道部协议要求的298名官员、肯尼亚蒙内铁路和中老铁路员工等多项培训。学校高质量的工作赢得了外方认可。此外，疫情防控初期，学校及时关心海外师生情况，邮寄健康防疫包，温暖人

心。南非籍教师雅各布在接受中国国际电视台（CGTN）专访时，衷心赞赏了中国政府和人民抗击疫情取得的成绩。

三、着眼组织起来，深耕"三个平台"服务中心大局

一是深耕组织平台。支持致公党西南交大支部、学校侨联、欧美同学会等民主党派基层组织和统战团体强化组织建设，引导涉侨人员发挥专业优势服务治蜀兴川。其中，归侨江欣国、王兴等撰写的建议多次获省市领导的肯定性批示。同时，完善中外人文交流诊断研究中心、欧洲研究中心、美国研究中心等智库平台建设，积极为党和国家献计献策。

二是深耕活动平台。出台《西南交通大学海外一流学科伙伴行动计划（2021—2025）》，以项目为牵引、以学院为主体，与国际一流大学、一流学科建立紧密的战略合作关系，支持学校振兴升位。统战部牵头组织涉侨人士走出国门，赴法国、德国、新加坡等地，发挥以才引才作用，相关工作被《四川日报》做了宣传报道。与金牛区共建全省首家归国留学人员"维清励行工作室""蓉城同心·侨之家"，团结涉侨人员开展科研攻关、职务科技成果转化，为经济社会发展作贡献。

三是深耕海外平台。加强与5所交通大学海外校友会、学校10个海外校友会的沟通联系，强化其民间引才引资、团结海外一切可团结力量的功能，促成海外校友积极向母校捐赠。同时，建立北美、新加坡等海外引才工作站，设置国际合作交流（海外引才）专员和顾问兼职岗位，帮助推荐和引进海外优秀人才，形成稳定人才来源"基地"。

（西南交通大学　夏小童　彭晶晶　赵浩森）

弘扬留学报国光荣传统
激励留学归国人员爱国奋斗建功立业

党的十八大以来，以习近平同志为核心的党中央高度重视留学人员工作，始终关心着广大留学人员的成长和发展，并对做好新时代留学人员工作提出了明确要求。西安交通大学党委深入学习贯彻习近平总书记关于做好新时代党的统一战线工作的重要思想，认真贯彻落实中央统战工作会议精神和中央关于群团工作的重要决策部署，大力弘扬西迁精神和留学报国光荣传统，支持发挥留联会作用，团结和凝聚学校广大留学归国人员在围绕中心、服务大局中积极贡献智慧和力量。

2021年4月，西安交通大学留联会赴陕汽集团开展"走基层、知国情、做贡献"主题活动

一、强化思想引领，广泛凝聚共识

坚持把学习贯彻习近平新时代中国特色社会主义思想作为加强留学归国人员思想政治引领的首要任务。一是紧抓重要节点，奏响学习教育主旋律。在党的二十大胜利召开、庆祝中国共产党成立100周年、习近平总书记来陕莅校考察、给南京大学留学归国青年学者回信等重要节点，及时召开座谈会、报告会和研讨会，编发学习资料，组织谈体会讲感悟等，引导会员听党指挥跟党走，深刻领悟"两个确立"的决定性意义，进一步增强"四个意识"、坚定"四个自信"、做到"两个维护"，不断增进思想共识。二是学习西迁精神、科学家精神，弘扬留学报国传统。深入开展"弘扬爱国奋斗精神，建功立业新时代"主题教育，通过参观西迁博物馆，举办"爱国奋斗"论坛，走访西迁前辈等活动，深刻理解西迁精神的丰富内涵和时代价值，汲取爱国奋斗力量；策划学习"留学报国精神"系列活动，组织参观钱学森事迹展，举办黄大年同志先进事迹报告会，拍摄海归先进事迹视频，深刻感悟留学报国、献身教育国防事业的感人事迹，厚植家国情怀。三是学习领会习近平总书记关于教育、科技、人才工作等重要讲话精神。通过召开座谈会、举办培训班、组织系列高端报告、先进事迹宣讲等，将理论学习与本职工作紧密结合，引导会员积极落实立德树人根本任务，肩负科技自立自强重任，助力实施科教兴国战略。

二、举办特色活动，增强组织凝聚力

精心策划一批主题鲜明、实效性强的特色活动，为广大留学归国人员搭建合作交流平台，不断增强组织凝聚力。一是持续开展"走中国青年知识分子成长的正确道路"主题教育。走进井冈山、延安、西柏坡、照金等地深入学习党史，用红色基因滋养初心、淬炼灵魂，筑牢理想信念根基。赴青海"原子城"和绵阳两弹一星学院，学习"两弹一星"精神，大力弘扬科学家精神，激发科技创新动力。二是策划举办"走基层、知国情、做贡献"品牌活动。深入西安国际港务区、陕汽集团、高陵党史纪念馆、阎良航空科技馆参观交流，引导会员深度了解国情、省情和社情，促进相互交流合作，把论文写在祖国大地上。三是组织举办"交流·共享·创新"系列活动。瞄准国家重大战略需求和科技前沿，举办"海外青年学者丝路论坛""同心·汇智"论坛、青年学术沙龙、午餐会等学科交叉特色活动，为会员创新思想萌发提供"催化剂"，促进学科交叉、产教融合。

三、加强留联会建设，提升组织活力

学校留联会成立以来，制定了《西安交通大学归国留学人员联谊会工作规程》，注重加强自身建设，不断提升组织活力。一是健全组织架构。结合学校实际情况，逐步建立了"会员代表大会—理事会—会长会—分会长会议"的纵向组织架构，成立了留联会秘书处和协助秘书处工作的学生社团，推动各项工作重心下沉，更好地服务一线教师。二是完善工作机制。依托理事会、会长会、分会长会议，定期商讨解决工作中的重点难点问题、共性问题，了解会员思想动态，更有针对性地开展工作。三是加强校内外联系。主动与学校党委统战部、党委教师工作部、高层次人才工作办公室、校工会、国际处等开展合作，促进信息互通共享，搭建合作共事平台；加强与上级部门的沟通联系，争取指导和支持。四是做好信息宣传。开通西安交大留联会公众号，及时发布活动要闻、政策资讯，展示会员风采，提供服务信息，为广大会员搭建信息交流服务平台；及时将工作动态报送中央统战部、欧美同学会、省委统战部、省欧美同学会等所属媒体，发出西安交大留联会的声音。

四、引导发挥作用，助力中心工作

锚定"留学报国人才库、建言献策智囊团、民间外交生力军"的职责，积极引导广大留学归国人员在立德树人、科技创新、建言献策和服务社会等方面建功立业。

一是落实立德树人根本任务，争做"四有"好老师。开设新时代"大先生"讲坛，深入挖掘模范典型，发挥"传帮带"作用；举办青年思政沙龙、教师发展论坛、课程思政建设经验交流会等，提升新入职教师教学水平；动员青年教师参与本科生导师和班主任工作，深入一线铸魂育人。通过上述举措，引导广大会员弘扬高尚师德，提升教学水平，牢记育人使命，努力培养堪当民族复兴大任的时代新人，争做"四有"好老师。以留学归国人员为主体的微纳尺度材料行为研究中心团队、热流科学与工程教师团队，分别入选教育部"全国高校黄大年式教师团队"。留联会副会长张磊教授通过中青网，向学子讲述"思政第一课"，厚植爱国主义情怀。留联会策划举办"同心·筑梦"系列活动，支持会员走进学院和书院，面向学生开展爱国教育、科技前沿、留学经验分享等交流活动，把留学报国基因根植在学生心中。

二是坚持"四个面向"，助力科技自立自强。积极为留学归国青年人才搭建广阔的事业平台，协助设立科学家工作室，组织留学人员服务团，举办产学

研合作交流会、学科交叉论坛等活动，激发创新创造动力。支持海外引进的高层次人才在组建大团队、建设大平台、承担大项目、产出大成果上发挥重要带动作用，集智攻关重大项目，实现更多"从0到1"的突破，为国家高水平科技自立自强贡献力量。近年来，一大批留学归国科技工作者心怀"国之大者"，主动攻克"卡脖子"技术难题，以留学归国青年教师为主体的视觉信息处理与应用国家工程实验室空间视觉团队承担了"嫦娥五号"自主采样任务的表取采样视觉信息处理系统研发。留联会会长单智伟教授团队经过对硅热法原理的深入分析和长期探索，实现了3N5A级高品质镁的工业化连续、稳定生产，攻克了硅热法工业化量产高品质原镁难题。叶凯教授带领信息与生物交叉团队构建了中国汉族人的单倍型基因组HJ-H1和HJ-H2，为破解人类基因组贡献了中国智慧。马伟教授及其团队开发出具有自主知识产权的高性能有机半导体薄膜，多次刷新器件效率世界纪录，荣获中国侨联第九届"侨界贡献奖"。

三是积极建言服务社会，发挥专业优势做贡献。高度重视智库建设，组织开展理论政策学习、建言经验分享和基层调研等，进一步整合智力资源，拓宽建言渠道，引导会员发挥专业优势，围绕中心工作建言献策；支持会员参与抗击疫情、义诊支教、技术咨询、教育帮扶等特色服务活动，为国家和地方经济社会建设献计出力。杨雪燕教授撰写的《近年××人口结构变化与特点报告》被中办、国办和国家民委采用；刘红忠教授提交的《关于推动我省制造业高质量发展的建议》被省委统战部采用，编入《统战工作简报》；留联会会长、副会长积极参加学校工作座谈会，为创新港建设、"十四五"规划、人才队伍等重点工作提出意见和建议。疫情防控期间，许多会员奋战在防控一线。留联会推荐10名专家教授加入秦创原留学人员联盟，助力秦创原建设。

（西安交通大学　张定红　悦中山　王遵伍）

做好新时代新征程统战工作
擦亮"百年侨校"金字招牌

暨南大学建校于1906年，是中国第一所由国家创办的华侨学府。目前是中央统战部、教育部、广东省共建的国家"双一流"建设高校，直属中央统战部管理。学校有着"华侨最高学府"的美誉。建校至今，共培养了来自世界五大洲170多个国家和港澳台地区的各类人才40余万人，为维护港澳的长期繁荣稳定，推进祖国和平统一，涵养壮大知华友华力量，促进中外文化文明交流互鉴贡献了独特的力量。

2018年10月24日，中共中央总书记、国家主席、中央军委主席习近平莅临暨南大学视察并发表重要讲话，为学校的发展指明了前进的方向，鼓舞我校师生继续坚持立德树人根本任务，服务大统战工作格局，奋力擦亮"百年侨校"金字招牌。

2023年11月，"文脉中华 聚力促统"海外中青年代表人士研习交流活动在暨南大学举办

一、加强党对统一战线工作的领导，做好高校党外知识分子思想政治引领工作

一是加强党对统战工作的领导。学校党委深入学习贯彻落实习近平总书记关于做好新时代党的统一战线工作的重要思想，按照中央统战部、省委统战部和省委教育工委的工作部署，积极构建党委统一领导、统战部门牵头协调、有关部门和院系党组织各司其职的大统战工作格局，服务大统战工作的水平不断提升。中央统战部领导多次对学校的统战工作予以肯定并提出表扬。《以校友会为工作平台，发展壮大爱国爱港爱澳力量》等获中央统战部颁发的全国统战工作实践创新成果奖项。

二是多种形式开展党外代表人士思想政治引领工作。我校党委通过举办辅导报告会、专题培训会、情况通报会、学习讨论会、征求意见会、主题教育等，引导民主党派成员学习贯彻习近平新时代中国特色社会主义思想，提升民主党派成员的思想政治素质。积极组织党外知识分子开展科教扶贫、健康扶贫、消费扶贫等活动，以捐资助学、捐赠图书、送医送药义诊、医疗专家"组团式"对口帮扶、调研建议等形式助力国家脱贫攻坚和乡村振兴工作。

二、认真贯彻落实《中国共产党统一战线工作条例》，推动学校统战事业新发展

一是我校八个民主党派齐全、统战团体健全。《中国共产党统一战线工作条例》（以下简称《条例》）中列明的统一战线工作范围前三项是：民主党派成员，无党派人士，党外知识分子。这三项在高校中人数众多，我校也不例外。我校八个民主党派齐全，还有侨联会、党外知识分子联谊会和欧美同学会（留学人员联谊会）等三个统战团体。共有民主党派成员738人（其中致公党有170多人，为省属基层组织人数最多组织），侨联会有500余人，是全国高校侨联组织中人数最多的；在学校1万多名教工中将近一半人员是党外同志，人数众多。学校积极创新工作载体，成立了暨南大学社会主义学院（中华文化学院），为不断夯实团结奋斗的共同思想政治基础提供良好平台。

二是贯彻落实民族宗教工作主体责任，铸牢中华民族共同体意识，建立健全民族宗教工作领导机制。《条例》上列明的统一战线工作范围第四项是少数民族人士，第五项是宗教界人士。目前，我校有少数民族师生1000多人。学校成立了民族宗教工作领导小组等机构，负责对学校民族宗教工作进行全面领导和整体部署。近两年来，我校以上级部门的民族宗教工作调研为契机，稳步推

进各项工作举措，取得一定成效。广州市民族宗教管理局将我校打造为"铸牢中华民族共同体意识教育实践基地"，该批基地广州市高校只有两所列入，我校为其中一所。

三是积极参与非公有制经济人士和新的社会阶层人士工作，引导其将个人发展与国家发展紧密结合。《条例》第五条列明的统一战线工作范围第六项是非公有制经济人士，第七项是新的社会阶层人士。截至2023年4月，我校学生总数有10万余人，其中全日制4万多人，其他类学生有5万多人。在这些非全日制学生中有相当一部分的学生就属于非公有制经济人士和新的社会阶层人士。这是高校统战工作中一个新的亟须关注的领域。

四是广泛团结留学归国人员，服务学校和国家的建设发展大局。《条例》第五条列明的统一战线工作范围第八项是出国和归国留学人员。学校成立归国留学人员联谊会（暨南大学欧美同学会），做好思想政治引领工作；学校重视归国留学人员等高层次人才，专门成立人才工作办公室为他们在工作和生活上提供便利，消除后顾之忧。

五是积极推进港澳台侨统战工作，彰显学校统战工作鲜明特色。《条例》上列明的统一战线工作范围第九项是香港同胞、澳门同胞；第十项是台湾同胞及其在大陆的亲属；第十一项是华侨、归侨及侨眷，这三项是暨南大学统战工作中具有鲜明特色并会长期坚持做好的工作内容。学校积极涵养港澳台侨爱国新生力量。目前是全国高校招收港澳台侨学生最多的高校。学校成立专门工作办公室，制订港澳台侨学生培养方案，为进一步提升我校港澳台侨学生培养质量做好顶层设计，构建"三全育人"体系和国情教育课程体系，涵养港澳台侨学生的爱国主义情感。组织开展丰富多彩的课余活动，包括"粤台学子中华情""粤台青年大学生研习营"等交流活动，"暨南大学优秀港澳台侨学生领袖研习营'巴渝文化'实践考察活动""粤港澳台大学生创新创业大赛""港澳学生骨干培训班"等。学校董事会、校友会等做好凝心聚力的工作。学校在全球拥有130多个校友组织；在香港有校友7万余人，在澳门有2万余名，学校10万余名港澳校友政治立场明确，铿锵有力，成为港澳"一国两制"行稳致远的坚强力量。暨南大学广东侨联国际校友会、侨智联盟作用独特。"暨南大学广东侨联国际校友会"由20多个国家的100多个华侨华人社团组成，现有400多名校友会员，他们都是中国海外经贸文化交流的友好使者。其中有数十位世界各地的中国和平统一促进会的负责人，他们为中国和平统一事业作出了积极的贡献。2021年10月，由番禺区委统战部联合广州大学城暨南大学等高校党委统战部发起成立的"广州大学城高校海外校友会·番禺海外社团侨智联盟"

（以下简称"侨智联盟"），现已形成一个覆盖海外友好侨团130多个、海外校友会100多个的联盟大平台，涵盖海外侨胞30多万人，出国留学人员7764人，分布在北美、南美、欧洲、东南亚、大洋洲等20多个国家以及港澳地区。

三、聚焦海外统战工作，建设统战理论高端智库

作为中央统战部直属高校，学校建设了一批服务统战工作的智库群。有中华文化港澳台及海外传承传播协同创新中心、铸牢中华民族共同体意识研究基地和华侨华人研究院等3个国家级文科科研平台；有"一国两制"与基本法研究院、文化遗产创意产业研究院、"一带一路"与粤港澳大湾区研究院、中国统一战线理论研究会港澳和海外统战工作理论广东研究基地等研究力量，全力服务海外统战工作大局。近年来，共提交上级资政报告400多篇。

学校积极开展华文教育，努力将中华文化传播到五洲四海。学校编写的《中文》系列华文教材，已在全球发行了逾4000万册，为全世界绝大多数华文学校所用，已在上级部门指导下完成全面修订升级，即将出版发行。学校着力打造"海外华裔青少年华文水平测试"和"海外华文教师证书考试"两项华文教育国家标准，两项标准都推广到了全球20多个国家；牵头成立全球华校联盟，共有来自64个国家和地区的华教机构700多家，辐射华校超过2500家，成为向世界传播中华文化的重要载体。

高校统一战线工作在新时代有新作为，暨南大学党委将带领全体师生牢记习近平总书记殷殷嘱托，贯彻落实中央统战工作会议精神和中央统战部的工作部署，在新时代新征程上踔厉奋发、砥砺前行，把暨南大学统一战线工作推上一个新台阶。

（暨南大学　庄汉文）

"三聚焦"谱写新时代侨校统战工作新篇章

习近平总书记在党的二十大报告中强调:"加强和改进侨务工作,形成共同致力民族复兴的强大力量。"这一重要指示为新时代侨校统战工作指明了前进方向、提供了根本遵循。在新的征程中,华侨大学深入学习贯彻党的二十大精神,以习近平总书记关于做好新时代党的统一战线工作的重要思想为指导,牢牢把握"统一战线是凝聚人心、汇聚力量的强大法宝"的重要定位,立足中华民族伟大复兴的"天时",位处福建侨乡的"地利",港澳台海外学生校友校董众多的"人和",深入实施"侨校+名校"发展战略,在助力侨务工作和中华民族伟大复兴中谱写出新的篇章。

2023年3月,华侨大学主办的文化中国·第八届海外华裔青少年
中华文化大赛云颁奖典礼在厦门举行

一、聚焦争取人心，在涵养友好力量中展现新作为

习近平总书记指出："人心是最大的政治。"作为全国境外学生最多的高校之一，华侨大学牢记办学宗旨和使命，努力培养大批具有家国情怀的爱国者和中外文化交流的友好使者，交出新时代"培养什么人、怎样培养人、为谁培养人"的优异侨校答卷。

着力扩大培养规模。坚持以建成境外青年来华（大陆）求学重要目的地学校为目标，大力拓展境外招生渠道，持续巩固并拓展以东南亚国家为主、多区域协同推进的海外招生网络，努力实现全日制境外生占比。坚持以建成全球华文教育重要基地为目标，建设好面向全球华侨华人的中华语言文化传播示范基地，持续办好外国政府官员中文学习班、"一带一路"国家青年科技人才班等品牌项目，探索规模化培养其他族裔中文教师。加快继续教育向为侨服务转型，不断做大做强非学历教育。

着力提高培养质量。坚持在传授科学知识的同时，引导境外生坚定爱国友华立场。全面推进"知情意行"国情教育体系建设，通过聚焦党和国家历史发展的主题主线主流，以专题教学、主题实践、命题研讨等形式，努力实现境外生国情教育实践活动全覆盖，促进境外生深入了解中国式现代化的本质要求。坚持改革创新境外生通识教育课程，优选精选境外生思政教材，切实用中华优秀传统文化、革命文化和社会主义先进文化培根铸魂、启智润心，促进境外生正确认识中国道路、理论、制度、文化。坚持与海外华文教育机构加强合作，完成好海外华校华文教材重编工作，推进"世界华文教育联盟"建设和"根魂梦"教育，团结争取和培养造就一支关心支持中国发展、热心参与族群事务、在特定领域和关键时刻可发挥作用的华裔新生代队伍。

着力强化服务联谊。坚持在厚植感情的基础上，激发境外毕业生对中国梦的认同和向往。发挥侨校、侨乡优势，探索与各级统战系统、侨资企业、海外华侨华人社团共建境外生就业创业基地，为境外生就业创业提供孵化平台，助力其职业生涯发展成长。加强境外校友会组织建设，健全校友联系网络，建立校友数据库，发挥校友校董在所在地和住在国的资源优势，加强境外生毕业后的跟踪服务和团结联谊，扩展学校海外联谊交友的广度和深度。

二、聚焦两个大局，在构建和谐环境中做出新贡献

习近平总书记指出："世界百年未有之大变局加速演进；我国发展进入战略机遇与风险挑战并存、不确定难预料因素增多的时期。"作为以"为侨服务，

传播中华文化"为办学宗旨的侨校,华侨大学持续发挥海外校友校董、海外华文教育合作机构、中外办学合作伙伴众多的优势,为统筹发展和安全、全力战胜前进道路上各种困难和挑战做出侨校应有贡献。

持续讲好中国故事。发挥好民间交流联系广泛、润物无声的优势,深入开展形式多样的交往活动。立足教育和学术,在与各国、各界的互动交流中提炼展示中华文明的精神标识和文化精髓,全面客观介绍我国基本国情、价值理念和内外政策,用"小故事"讲清"大道理"。坚持以侨为桥,通过校友校董桥梁纽带作用,巩固学校与泰国、印度尼西亚、菲律宾等东盟国家主流社会的友好合作关系,加强与"一带一路"沿线及金砖国家高校的合作,推动中华文化更好走向世界。

持续展现中国形象。发挥高校人文交流优势,利用民间资源和民间渠道,展现可信、可爱、可敬的中国形象。以增强对外传播针对性为基础,重视海外侨情和涉华舆情收集研判,挖掘各学科海外传播元素,加强中华文化研究、阐释和对外翻译,助力国际传播效能的提升。以拓展对外传播的受众面为目标,推进新闻传播学科建设和人才培养,加强国际传播理论和实践研究,不断打造中华文化云服务、"华文星火"等品牌项目,为我国国际传播能力建设提供支持。以提高对外传播的有效性为关键,加强同国际媒体和专业机构合作,深入了解中外青年需求,探索信息化时代跨文化传播规律,打造贴近时代、贴近生活、贴近青年的系列产品,助力与我国综合国力、国际地位相匹配的国际话语权的构建。

持续提供智力支持。围绕中华文化海外传播和中外文明交流互鉴开展研究,努力形成一批有针对性、有价值、服务决策的研究成果。打造高端智库平台,加强中华文化与世界文明研究院等涉侨研究智库的建设,以专项研究课题为抓手,将战略性需求、基础性研究和动态性舆情相结合,聚焦若干重点区域与华裔新生代等群体开展研究。探索设立智库研究岗位,注重"内智"与"外脑"相结合,推进理论研究和政策研究相互促进,强化分类数据库建设,努力形成智库研究的优势和亮点。

三、聚焦和平统一,在促进两岸融合中创造新业绩

习近平总书记指出:"实现祖国完全统一,是党矢志不渝的历史任务,是全体中华儿女的共同愿望,是实现中华民族伟大复兴的必然要求。"作为大陆最早招收台湾学生的高校之一,华侨大学发挥侨校特色和地缘优势,努力探索两岸教育、文化等方面融合发展的新路,履行好党和国家赋予华侨大学的使

命，为促进两岸融合发展贡献侨校智慧力量。

坚持致力两岸文化交流。通过建设"海外华文教育与中华文化传播协同创新中心"，探索两岸华文教育在全球范围内融合发展的有效途径，助推两岸共同弘扬中华优秀传统文化。建好"闽台职工交流基地"，优化职称、科研、住房等方面政策加大从台湾引才力度。加强与台湾高校、科研机构和智库的交流合作，共建科研创新平台。建好"台湾研究中心""海峡两岸传播创新研究中心""海外华人宗教与闽台宗教研究中心"等创新平台，强化两岸融合发展的热点难点问题研究，为深化两岸各领域融合发展提供智力支持。

坚持促进两岸心灵契合。以文化研修参访为纽带，拓展妈祖文化、客家文化、闽南文化内涵，持续办好海峡两岸青少年夏令营、海峡两岸高校文化与创意论坛、海峡两岸大学生设计工作坊等系列活动，重点吸引更多台青"首来族"来闽学习交流，促进闽台青年交流互通、相知相行，积极打造两岸青年共同精神家园。坚持"始终尊重、关爱、造福台湾同胞"的要求，及时收集了解台湾青年对中央对台大政方针政策的意见建议，为完善增进台湾同胞福祉的制度和政策献计出力。

坚持凝聚和平统一力量。建设好国家级众创空间——闽台青年创新创业服务中心、组织开展"台青闽企面对面"就业创业训练营、探索设立台湾青年就业创业体验式交流中心、加强与江苏等台青聚集地区的战略合作，培育一批聚集效应好的台湾青年就业创业基地，吸引更多台湾青年留在大陆发展，促进台湾青年共同把握中华民族伟大复兴的历史大势。广泛团结凝聚海外校友，积极参与反"独"促统活动，助推中国和平统一进程。

（华侨大学　谢俊荣　刘杰）

铸牢中华民族共同体意识

以学生社团为载体
多措并举铸牢中华民族共同体意识

　　习近平总书记在党的二十大报告中指出："以铸牢中华民族共同体意识为主线，坚定不移走中国特色解决民族问题的正确道路，坚持和完善民族区域自治制度，加强和改进党的民族工作，全面推进民族团结进步事业。"立德树人是高校的根本任务，高校肩负着培养担当民族复兴大任的时代新人的使命，是铸牢中华民族共同体意识的前沿阵地。高校铸牢中华民族共同体意识对于促进各民族交往交流交融、助力伟大复兴中国梦、不断巩固发展壮大爱国统一战线具有重要意义。

2019年7月，华东师范大学开展"雪域高原铸师魂"支教活动

华东师范大学一贯重视少数民族学生培养和大学生民族团结进步教育。近年来，学校不断优化顶层设计，颁布《关于实施少数民族学生发展助力计划的意见》，设立少数民族学生工作办公室，从大学生思想政治工作、教育教学、第二课堂开展、资助育人等多个方面出台系列举措，不断提升少数民族学生培养质量，加强民族团结进步教育，增强大学生铸牢中华民族共同体意识。专门组织开展了系列铸牢中华民族共同体意识专题活动，如主动对接"三区三州"深度扶贫战略，每年组织"三区三州"生源地新生进行"上海一日游"，体验国家发展变化；积极助力民族地区教育帮扶，组建学生团队奔赴新疆、西藏、云南、贵州、四川、甘肃等省份民族地区开展调研与社会实践，开辟了多条社会实践路线、建立数个社会实践基地；每年举办"少数民族学生特色运动会"，以丰富多彩的运动项目，全方位呈现我校各民族同学团结奋进的精神风貌。各民族同学在华东师范大学"共居、共学、共事、共乐"，不断增进同学友谊和民族感情，共同铸牢中华民族共同体意识。

同时，学校充分发挥学科专业优势和特色，以学生社团为载体，多措并举开展学生民族团结进步教育，不断铸牢中华民族共同体意识。华东师范大学"岗拉梅朵"藏文化社于2009年筹备成立，是以在校藏族大学生为主体、多民族学生加入的多元化、公益性、实践型综合社团，在一届届学生手中传递着民俗文化传承、民族教育发展、民族团结进步的接力棒。作为校园志趣社团的五星成员，连续13年组织优秀大学生奔赴西藏边远贫困地区开展支教活动，打造了"雪域高原铸师魂"的文化品牌，荣获第十批全国民族团结进步示范单位、上海市民族团结进步标兵集体、教育部语用司"推普脱贫攻坚战"优秀志愿者服务团、青春爱唱响第八届全国大学生社会实践"全国优秀团队称号""推普助力乡村振兴"全国大中专学生暑期社会实践志愿服务优秀团队等。

一、注重思想引领，铸牢中华民族共同体意识

通过形式多样的教育方法与手段，加强思想引领，牢固树立学生"五个认同"和"三个离不开"的意识，夯实思想基础和情感基础，铸牢中华民族共同体意识。发挥少数民族学生骨干和学生党员的模范带头作用，提升少数民族学生的凝聚力。组织西藏籍学生观看大型话剧《国家的孩子》、参观第十七届中国上海国际艺术节"爱我中华，魅力西藏"西藏文化周开幕式、观看大型纪录片《西藏》等，增进其爱党、爱国、爱校情怀。

二、强化社团团建，深入开展民族团结进步教育

2015年成立"岗拉梅朵"藏文化社团支部，依托"一团一品"项目，结合藏文化社自身的特点，自主设计、创建有影响、具长效性的品牌活动项目，如定期的锅庄展示、讲课与说课演练、迎新生及欢送毕业生等活动，深入开展民族团结进步教育，有效凝聚团员青年，增强社团的思想政治引领作用和基层组织活力。

三、倡导实践育人，助力少数民族大学生成长成才

社团聚焦"团队建设、科技创新、艺术素养、历史文化、国际视野"等目标，着力提升社团成员综合素养，积极搭建社会实践平台，组织社团成员参与历届全国科普日、科技活动周志愿服务工作以及各类社会实践和志愿服务活动。自2010年起，连续12年组织优秀大学生奔赴西藏边远贫困地区开展暑期支教活动，打造了"雪域高原铸师魂"的文化品牌。支教活动曾被评为2015年上海市大学生暑期社会实践活动"最佳项目奖"，并被《解放日报》《新民晚报》等媒体报道，受到社会各界赞誉。"上海教育新闻网"在2014年的新闻中这样描述："当上海开往拉萨的T164次列车缓缓离开上海火车站的那一刻，华东师范大学'岗拉梅朵'藏文化社团的大学生志愿者们第四次踏上进藏支教的旅程。社团里28名队员此前用了3个多月的时间去筹划和准备，为的就是在将近2周的支教时间内能给4358公里之外的藏区孩子'上好一堂课、讲好一部电影、办好一台晚会、举行一场知识竞赛'，将知识文化传递给藏区孩子们。"

学生参与民族地区推普、支教等社会实践，发挥专业优势、学以致用。通过与当地各民族成员共居、共学、共事、共乐，实现多民族广泛交往、全面交流、深度交融，不断加深各民族间的情感联系，增强中华民族凝聚力，助力民族地区教育发展和民族团结进步教育。

四、强化文化交互，促进多元融合

组织"岗位梅朵"藏文化社参与"民族团结促和谐，心心相印共圆梦"西藏中学生走进华东师范大学体验校园文化活动、"民族团结一家亲——颁金节、那达慕歌舞汇"文化活动、"九州同心，四海齐音"校少数民族文化节活动、"少数民族学生特色运动会"等，实现多民族交往、交流、交融，广大藏族学生在社团的号召下热情洋溢地活跃在校园各领域。2016年初，时任上海市委常委、统战部部长沙海林一行来到华东师大调研民族工作并参观"岗拉梅朵"藏

文化社活动室时，对推动校园多民族文化交流交融给予充分肯定。

五、注重示范引领，以点带面

近年来，华东师范大学"岗拉梅朵"藏文化社先后荣获2014年、2015年上海市暑期社会实践最佳项目奖、2018年教育部语用司"推普脱贫攻坚战"优秀志愿者服务团、2018年青春爱唱响第八届全国大学生社会实践"全国优秀团队称号"、2022年"推普助力乡村振兴"全国大中专学生暑期社会实践志愿服务优秀团队，2016—2018年度上海市民族团结进步标兵集体等荣誉称号、2023年第十批全国民族团结进步示范单位。通过"岗拉梅朵"藏文化社学生的真实经历和切身体会，在少数民族学生中形成示范带动作用，多位社团同学毕业后奔赴山海，扎根在西藏教育一线，克服重重困难，在海拔4500米的藏区教书育人，启迪智慧，不少社团成员已成为教育一线的骨干，在广袤的雪域高原，书写壮丽的青春诗篇。

面向未来，华东师范大学将以"岗拉梅朵"藏文化社为载体进一步提升民族团结进步教育的针对性，增强服务少数民族大学生成长成才的实效性，共同铸牢中华民族共同体意识。

（华东师范大学　章平　李燕　余卉）

坚持"四个聚焦" 深耕"石榴红"新模式
铸牢中华民族共同体意识

陕西师范大学作为教育部直属重点大学、国家首批"双一流"建设高校，建校80年来，始终与民族命运同频共振，与国家教育事业发展紧密相连，坚守教师教育主责主业，怀抱教育强国之志，全面贯彻落实习近平总书记关于加强和改进民族工作的重要思想，坚持以铸牢中华民族共同体意识为主线，聚焦"有形、有感、有效"工作导向，精心打造铸牢中华民族共同体意识教育的"石榴红"育人品牌，自觉把铸牢中华民族共同体意识融入立德树人全过程、人才培养全方位、学生成长全链条，教育引领各族学生全面发展，学校先后4次获评全国民族团结进步先进集体、示范单位。

2023年9月,陕西师范大学组织各族师生齐聚民族团结石榴园、同摘民族团结石榴果、共话民族团结情

一、聚焦党建引领，护好健康成长"石榴籽"

一是坚持以党的建设强基。学校党委始终坚持党对铸牢中华民族共同体意识教育工作的领导，成立统一战线工作领导小组、民族和宗教工作领导小组、少数民族学生教育管理服务工作领导小组，出台议事规则。把铸牢中华民族共同体意识教育工作纳入学校党的建设和思想政治工作"1+8+X"制度体系和工作格局中，制定铸牢中华民族共同体意识教育专项工作制度多项。充分发挥大统战工作格局作用，每年召开专题党委常委会，研究部署、统筹推进铸牢中华民族共同体意识教育工作，坚持做到工作有部署、实施有方案、推进有保障、落实有成效，始终确保民族工作的正确方向。

二是坚持以理论学习铸魂。守好课堂教学主渠道，坚持将铸牢中华民族共同体意识教育纳入人才培养体系，推进铸牢中华民族共同体意识进教材、进课堂、进头脑，着力构建以习近平新时代中国特色社会主义思想铸魂育人为统领的"1+5+N"思政课程矩阵，教育引导学生深刻认识各民族交融汇聚成多元一体中华民族的历史。构建铸牢中华民族共同体意识学习教育常态化机制，组建专家干部宣讲团、新时代大学生宣讲团、开设"九思"文化大讲堂，定期开展党的民族政策专题宣讲。通过学校官方主页、新闻网、"师大统一战线""师大民族之声"微信号等融媒体平台，宣传党的民族政策、推介民族工作资讯，形成"互联网+民族团结"宣传模式，推动铸牢中华民族共同体意识润物无声、入脑入心。

三是坚持以实践教育赋能。以"弘扬伟大建党精神·奋进时代征程"为主题，精心组织升国旗仪式和重大纪念日的公祭活动等，引导各族学生从党的百年奋斗史中汲取智慧和力量。利用发挥红色资源富集优势，组织各族学生赴遵义、延安等地开展学习实践、研学考察活动，用鲜活的实践教学引导学生赓续红色血脉，将爱我中华的种子植根学生心灵深处。每年组织各族学生赴祖国各地进行暑期社会实践，开展"永远跟党走、奋进新征程""边疆地区教育生态平衡助力区域协调发展"等专题调研活动，引导青年学子在生动实践中铸牢中华民族共同体意识。组织各族学生观看《建党大业》《建国大业》《我和我的祖国》等红色电影，提高教育吸引力，营造良好的爱国主义教育氛围。

二、聚焦平台建设，种好民族团结"石榴树"

一是让广泛交往有阵地。在长安校区昆明湖畔开辟"民族团结石榴园"，组织各族师生共同栽种56棵石榴树，铺垫56颗"圆心石"，绘就民族团结"同心路",寄托学校各族师生"像石榴籽那样紧紧抱在一起"的真情实感和美好愿望。通过绿化养护爱劳动、同庆佳节摘石榴等场景式、互动式、沉浸式的实践活动,让各族师生以充实的体验感和获得感切身感受各民族亲如一家的浓厚氛围。"民族团结石榴园"已经成为陕西师范大学铸牢中华民族共同体意识教育的"实践基地"和"地理标识"。

二是让全面交流有载体。学校在两个校区分别建设"石榴籽工作坊",坚持以"中华民族一家亲、同心共筑中国梦"为指导思想,打造"小邹姐姐零距离""夏言暖语解心疑""阿木与你相约""强哥的科研空间"等体验式平台,通过交流谈心、业务培训、工作沙龙和学术研究等方式,组织各族学生充分融入"民间剪纸艺术""书法鉴赏与学习""国家通用语言"等开放日主题课程,为各族学生提供交流交往交融的优质平台,教育引导青年学生在浸润中华文化的过程中提升民族自信,努力争做中华优秀传统文化的传承者和弘扬者。

三是让深度交融有抓手。每年举办"民族文化节""传统文化节""民族团结活动月",开展丰富多彩的民族团结进步创建活动,包括以中华经典诵读、书法绘画为内容的文化共赏活动,以音乐同唱、美食共享为特色的民族风采展示,让广大师生成为民族文化的践行者和传播者,让各族师生在丰富多彩的校园生活和社会实践中学在一起、玩在一起、乐在一起,真诚交往、真心交流、真情交融,为扎实开展铸牢中华民族共同体意识教育工作奠定良好的基础。

三、聚焦暖心工程,浇好同心向阳"石榴花"

一是在人文关怀上下功夫。扎实落实"四进两联一交友"制度,及时了解和掌握学生的思想、学习和生活情况,真正走近学生,拉近心灵距离。通过"国家助学金""新生绿色通道""灾区补助""临时困难补助"等方式,为有困难的各族学生提供生活补助、教材减免、餐券补贴、被褥发放等帮扶。六年来,学校共资助少数民族学生2000余人,累计金额200多万元,先后走访新疆、青海、宁夏、甘肃等省区少数民族学生家庭近200户。

二是在性格养成上下功夫。学校构建"体育育人""心理育人"和"文化育人"工作体系,通过常态化开展"体育工作坊培训活动""运动之家健身指导""民族传统体育训练展演"等体育育人项目、"阳光护航心理育人宣传季""师范生阳光心理培育计划""向阳花房生命体验教育"等心理育人项目、"撰写一篇读书笔记""临摹一本汉字字帖""完成一篇调研报告"等"文化育人"项目,帮助各族学生养成良好的运动习惯、积极健康的生活方式,着力培育自尊自信、理性平和、阳光向上的积极心态。

三是在氛围熏陶上下功夫。面向全校各族师生共征集原创作品30余部，最终正式发布由学生作词谱曲的民族团结主题曲《石榴花开》，唱响了学校铸牢中华民族共同体意识教育最强音，达到了"彰显团结主题，反映师生心声，契合校园文化"的效果，真正做到"悦耳、育心、利行"，形成了各族师生手足相亲、守望相助的浓厚校园氛围。

四、聚焦落地见效，育好西部红烛"石榴果"

一是在榜样引领上持续用力。实施"同心筑梦""石榴育人"等领航计划，开拓组建"红烛"班和"红石榴"班，制订培养方案，举办专项培训，开展朋辈教育，发挥模范作用，引导学生传承践行学校"西部红烛两代师表"精神，着力培养立志做有理想、敢担当、能吃苦、肯奋斗的新时代好青年，涌现出一大批以"中国大学生自强之星"左热古丽·乌斯曼、马义泽等为典型代表的优秀少数民族人才。陕师学子迪拉然·依米江的作品《我心中的那一抹红》荣获陕西省首届大学生铸牢中华民族共同体意识主题微宣讲比赛一等奖。

二是在提质增效上深挖潜力。2017年以来，学校先后获批国家民委民族理论政策研究基地和陕西省铸牢中华民族共同体意识研究基地、统一战线理论研究基地、少数民族传统体育研究与训练基地，依托研究平台，统筹科研力量，加强研究阐释，在马克思主义民族理论与政策、中华民族史、中华民族共同体意识融入思政课等研究领域取得丰硕成果，主办《西北民族论丛》《中国历史地理论丛》等核心期刊，获批国家民委、陕西省委统战部民族研究课题20余项，连续3年获评"全国民族工作优秀调研报告"，连续4年获评"全省统战理论研究先进单位"，为铸牢中华民族共同体意识教育提供理论研究支撑。

三是在服务社会上精准发力。以"扎根西部、甘于奉献、追求卓越、教育报国"的"西部红烛两代师表"精神内涵培养各类毕业生50余万人，为西部基础教育一线、民族地区培养了一代代陕师学子，遍撒了铸牢中华民族共同体意识的教育火种。银龄计划启动3年来，学校先后援派10人次银龄教师分赴塔里木大学、青海师范大学开展支教支研工作。派出数十位基础教师和管理人员赴新疆、西藏、云南等地开展教育精准帮扶。附属中学近20个家庭先后参加浐灞一中"我在西安有个家"陕藏家庭结对活动。学校为持续服务国家教育事业和区域经济社会发展，特别是对推动西部教师教育和基础教育的发展，做出了重要贡献。

石榴花开别样红，民族团结情谊浓。立足新时代新征程，陕西师范大学将以培养堪当民族复兴重任的时代新人为己任，以高度的政治自觉和责任担当推进新时代党的民族工作高质量发展，牢牢把握民族工作的鲜明主线和重点任务，扎根西部，精耕细作，持续深入开展铸牢中华民族共同体意识教育，团结带领各族师生助力教育强国建设，在实现中华民族伟大复兴的时代洪流中踔厉奋发、勇毅前行。

（陕西师范大学 辛峰 耿莹 郑玉霞）

在有形有感有效上用力
铸牢中华民族共同体意识

习近平总书记在参加十三届全国人大五次会议内蒙古代表团审议时指出，"推进中华民族共有精神家园建设，促进各民族交往交流交融，各项工作都要往实里抓、往细里做，要有形、有感、有效"。党的二十大报告中强调："以铸牢中华民族共同体意识为主线，坚定不移走中国特色解决民族问题的正确道路，坚持和完善民族区域自治制度，加强和改进党的民族工作，全面推进民族团结进步事业。"高校是各民族师生交往交流交融的大熔炉，是铸牢中华民族共同体意识教育实践的主阵地。南京航空航天大学党委牢牢把握"铸牢中华民族共同体意识"这一主线，按照"有形、有感、有效"的要求，着力构建铸牢中华民族共同体意识教育实践长效机制，为学校事业高质量发展提供不竭精神动力。

2021年12月，南京航空航天大学学工系统开展"一月一研习"学习党的民族工作理论政策

一、以有形之魂强化政治引领

铸牢中华民族共同体意识教育要"有形"，就必须把习近平总书记关于加强和改进民族工作的重要思想作为根本遵循，确保政治方向不偏移。南京航空航天大学党委高举中华民族大团结的旗帜，将党的集中统一领导贯穿铸牢中华民族共同体意识教育实践全过程全方位。

加强组织领导，强化政治引领。纲举而目张。坚持加强党对民族工作的全面领导，是铸牢中华民族共同体意识教育实践的根本保证。学校党委成立统一战线工作领导小组、民族宗教工作领导小组，构建学校党委统一领导、统战部门牵头协调、有关部门和院级党组织各负其责的大统战工作格局，形成研究部署民族工作的常态化机制。制定《院级党组织统战工作细则》《统战工作指导手册》，明确院级党组织民族工作职责，将民族工作纳入全面从严治党考核内容，进一步增强民族工作责任感、使命感，打造上下贯通、协同发力的工作格局。

加强理论武装，提高政治站位。铸牢中华民族共同体意识教育实践政治性高、政策性强，提高思想认识是做好工作的前提。学校党委将习近平总书记关于加强和改进民族工作的重要思想、中央民族工作会议精神纳入中层领导人员培训内容，列为校院两级理论学习中心组学习清单，通过学工系统"一月一研习"等理论学习载体，引导党员领导干部从政治和全局高度抓好民族工作这个"国之大者"，完整准确全面把握铸牢中华民族共同体意识的重大意义和核心要义，坚定不移把党的二十大关于铸牢中华民族共同体意识的战略部署以及上级要求落实落地落细。

加强机制保障，强化服务效能。做好铸牢中华民族共同体意识教育实践，必须从机制保障上下功夫。学校党委持续强化工作保障机制，建立了经管红石榴工作坊、彩虹驿站、同心圆民族学生发展支持中心等实体化民族工作阵地，提供专门的工作场地，给予充分的经费保障，着力打造民族学生一站式管理服务中心；组建了"新疆内派教师+少数民族专职辅导员+少数民族专任教师+学生专职辅导员"相结合的管理指导教师队伍，为学生提供专业化、精心化的管理服务。

二、以有感之举促进实践创新

铸牢中华民族共同体意识教育实践要"有感"，就要通过具体的、现实的举措，使铸牢中华民族共同体意识教育实践可触可感。学校党委突出抓好"关键少数"、关键抓手、关键环节，以春风化雨、润物无声的方式，多措并举促进广大师生在思想上政治上行动上自觉把铸牢中华民族共同体意识内化于心、外化于行。

突出"关键少数"，加大铸牢中华民族共同体意识教育实践的力度。学校党委与江苏省唯一的少数民族乡——菱塘回族乡共建学生党建实践育人基地，组织各族学生开展爱国主义教育活动，讲述中华民族多元一体、同舟共济、砥砺奋进的感人故事。依托校内学业与发展支持中心、党员发展研究中心、"红周二"青年党员沙龙等多种素质能力提升平台，培养了一批政治立场坚定、综合素质全面的少数民族学生干部，近5年累计发展少数民族学生党员280多名，发挥了以点带面、辐射带动的先锋模范作用。加强校地协同，与南京市秦淮区民族宗教事务局等单位建立协同育人机制，推动校地双方共学政策理论，共建工作机制，共享工作成果。

突出关键抓手，提升铸牢中华民族共同体意识教育实践的效度。作为江苏省首批铸牢中华民族共同体意识教育实践试点高校，学校党委高质量实施宣传教育、实践创新和理论探索"三大工程"，把铸牢中华民族共同体意识教育实践活动贯穿办学治校全过程。常态化举办民族团结进步宣传月系列活动，通过中华民族文化展览、知识竞赛、体育节、音乐会等全方位、多角度、立体化展现中华民族文化；充分发挥中华民族文化资源优势，在校园内开展非遗项目宣传推广，通过"白族扎染""黎族黎锦"等项目体验，使各族师生感受不同民族文化的熏陶，不断增强中华民族的归属感、认同感和自豪感。

突出关键环节，提升铸牢中华民族共同体意识教育实践的温度。校党委书记带队多次到边疆地区家访，看望民族地区学生。学校通过健全"奖、贷、助、勤、补、减、免、偿、导"等多元资助措施，帮助各族学生解决经济困难。召开铸牢中华民族共同体意识师生座谈会，关心学生实际困难，听取对学校教育管理、教学贯通、民族文化交流等工作的意见建议。发挥同心圆学生发展支持中心的作用，邀请重点课程任课老师进行课程辅导答疑，帮助各族学生解决学习困难。聚焦学生就业问题，开展职业素质训练营专场讲座，输送学生前往航空航天企业开展项目式实习，配备"企业导师+专业导师"的双导师协同指导，积极拓展学生就业渠道，有效提高各族学生就业率。

三、以有效之方助力民族振兴

铸牢中华民族共同体意识教育要"有效"，就要把铸牢中华民族共同体意识落实到各类社会实践活动，以实际行动促进各民族共同团结奋斗、共同繁荣发展。学校党委充分发挥高校教育、科技、人才等综合优势，助力民族地区巩固脱贫攻坚成果和推进乡村振兴，为推动民族地区高质量发展贡献南航力量。

发挥智力优势，助推民族地区产业升级。校党委书记带队赴西藏与西藏经信厅交流对接，调研工信领域发展需求。学校专家教授深入民族地区讲授《人工智能、大数据与智慧政务》等专题报告，普及工信领域科技发展知识。多名高水平科研人员参与研究制定西藏自治区网络强区行动计划、数字经济发展规划、"十四五"政务信息化工程专项规划，以及云南省硅产业创新发展政策；参与研究推进西藏自治区"互联网+政务服务"及政务数据共享交换平台建设、云南省制造业创新中心工程建设等重大项目；聚焦民族地区工业和信息化建设、脱贫攻坚、乡村振兴等相关情况深入调查研究，围绕民族地区产业创新发展出谋划策，为政府决策提供智力支持。

发挥科技优势，促进民族地区经济发展。充分发挥高校科技优势，学校近年来围绕航空航天、高端装备制造、新能源等领域，与民族地区企事业单位签订合作项目400余项，总合作经费超2.2亿元；与云南机场集团有限责任公司沧源佤山机场、中国民用航空新疆管理局、广西机场管理集团有限责任公司等开展深入合作，积极推进民族地区交通运输建设，通过交通运输业发展，带动民族地区的旅游产业发展；与国投云南风电有限公司合作攻克风力发电技术难题，推动民族地区新能源产业发展。

发挥人才优势，助力民族地区脱贫攻坚。近年来，学校党委先后派出3名干部参与援藏、2名干部参与援疆、5名干部教师赴云南、贵州、陕西等地参加中组部组织的博士服务团挂职项目，支援西部地区建设。学生"格桑花开"支教团连续12年前往西藏开展支教，以嘎玛白姆为代表的一批学生接力传承；光脚跑出大凉山的彝族学生阿恩克其组建了"一心彝意"服务团扎根凉山，连续5年服务当地脱贫攻坚；学生连续3年赴新疆开展"暖疆石榴籽"实践活动，感受新疆山河壮美、发展之美和民族团结之美。每年200多人次学生前往西藏、新疆、四川、贵州、云南等地区开展社会实践，让青春之花在祖国最需要的地方绽放。

经过多年教育实践，学校涌现出了以共青团第十八次全国代表大会代表嘎玛白姆、全国自强之星标兵阿恩克其、全国最美志愿者王小珂和中国志愿服务先进个人柳莺等为代表的一批先进典型，获得《光明日报》、中国青年网等百余家媒体关注报道，形成了广泛的社会影响力。民族领域相关项目斩获了"创青春"全国大学生创业大赛金奖、"挑战杯"全国大学生课外学术作品大赛一等奖等重要奖项，民族工作获评工信部所属高校思想政治工作百佳案例、江苏省教育工委统战工作实践创新案例一等奖、南京市红石榴家园示范基地等重要荣誉。

南京航空航天大学党委将始终把铸牢中华民族共同体意识教育实践作为一项政治任务，坚持加强党对民族工作的全面领导，推动铸牢中华民族共同体意识教育实践的基础更加牢固、师生人心更加凝聚、民族情感更加交融，为以中国式现代化全面推进中华民族伟大复兴、加快建设航空航天民航特色鲜明的世界一流大学提供强大精神动力。

（南京航空航天大学　单冠贤　李西娟）

深化新时代高校民族团结进步教育
铸牢中华民族共同体意识

  作为中华人民共和国成立后最早建立的民族高校之一，中南民族大学始终坚持社会主义办学方向，严格贯彻落实党的教育方针和民族政策，牢记"为党育人、为国育才"的使命，以铸牢中华民族共同体意识为主线，全面落实立德树人根本任务，开展了一系列凸显"融"的导向、极具民族院校特色、服务大统战工作格局的有效措施，逐步实现各民族学生在空间、文化、社会、心理等方面的全方位嵌入，为构筑中华民族共有精神家园，促进各民族交往交流交融，推动新时代党的民族工作高质量发展作出了积极贡献。

2021年10月，中南民族大学举办"铸牢中华民族共同体意识"主题系列活动之第七届民族文化交流节

一、坚持"三个互嵌"，构筑中华民族共同体意识育人空间

以学习互嵌发挥朋辈激励效应。实行混合编班管理，创新学习组织形式，通过创建学生骨干训练营、实施"学长计划"、开办"新生成长训练营"、举行"优秀学长经验分享会"等形式加强学生组织建设，促进学生在广泛交往交流交融中勤奋学习。坚持"一把尺子量到底"的毕业标准和"一本手册管到底"的日常行为规范，教育引导各民族学生树立"规则面前人人平等"观念。

以生活互嵌增进手足相亲情感。开辟学生社区思政教育"第三课堂"，开展"七彩寝室""最美寝室""标杆寝室"等教育活动，促进各民族学生和睦相处、互助共进。指导成立学生生活与权益保障委员会、"情满家园"楼栋自律委员会等学生组织，鼓励各民族学生在自我管理与自我服务中增强法律意识、增进生活友谊。

以师生互嵌构建共同成长空间。建立"师生午餐会""教师工作坊""师生下午茶"等常态交流机制。实施边疆少数民族学生"成长守望"计划。实施管理干部联系班级、联系宿舍、联系学生制度。设立校领导接待日及校长、院长、处长信箱，定期举办学生代表座谈会。坚持面向学生、走近学生、贴近学生，构建师生共同成长空间，全力服务学生。

二、搭建"三大平台"，涵养中华民族共同体意识育人生态

搭建"担当奉献"的志愿服务平台。大力倡导"代言奉献担当，勇做时代新人"，鼓励各民族学生践行"奉献、友爱、互助、进步"的志愿者精神。近年来，学校持续引导广大学生积极参加"伴飞"志愿服务计划、石榴籽志愿服务队，开展"笔友计划""高原书屋"等志愿服务项目，引导各民族学生走进民族地区，在志愿服务中体验民族团结的力量。

搭建"美美与共"的文化共融平台。围绕"热爱伟大祖国，建设美好家园""民族团结一家亲"等主题，组织各民族师生共度国家重大节庆日，不断增强对中华优秀传统文化的认同。建立学生骨干训练营，定期举办茶马古道民族文化节、民族美食文化节、民族文化风情展等体验活动，积极构筑中华民族共有精神家园。同时开展"学习圆""生活圆""纪律圆""心理圆"等系列活动，推进学生文明寝室建设，就寝同舍、学习同步、语言同学、民俗同尊、困难同渡、进餐同桌、娱乐同享、节日同庆、校园同护、纪律同守、和谐同创，积极推动宿舍文化建设，丰富寝室文化内涵，着力促进各民族学生互帮互学互助、共居共融共进，增进"五个认同"。

搭建"资源整合"为指向的科学研究平台。2019年12月，中共湖北省委统战部正式批准，湖北省铸牢中华民族共同体意识研究基地设立于中南民族大学。研究基地以习近平新时代中国特色社会主义思想为指导，重点结合中国共产党、中华文化、民族地区意识形态建设、民族地区区域协调发展等主题展开铸牢中华民族共同体意识研究，整合国家民委民族团结进步创建活动研究中心、中国城市民族与宗教事务治理研究中心等9个平台，依托民族学一级学科博士点、博士后流动站，打造多学科融合、多视角分析、多方法求证、多形式呈现的科学研究实体机构。

三、强化"三大机制"，完善中华民族共同体意识育人举措

强化学业辅导机制，绝不让一个学生因学习困难而掉队。组建由校长挂帅的学生学业发展指导委员会，建立校院两级学生学业发展中心，构建学业帮扶、素质促进、能力提升三类15个学业导生团队，加强学业生涯规划教育，加强学生学习过程管理和跟踪帮扶，关心帮助学业困难学生群体，引导他们重拾学业和生活自信。

强化资助育人机制，绝不让一个学生因家庭经济困难而辍学。完善以资助为载体，以教育为基础，以全面发展为目标的全方位、立体化、多层面的资助体系，坚持帮困与育人相结合，弘扬"流自己的汗，吃自己的饭"的勤工精神，发挥资助育人功能，实现家庭经济困难学生资助全覆盖。

强化家校协同机制，把民族团结深情厚谊送进学生家门。持续开展"辅导员边疆行"活动，通过寒暑假组织辅导员对边疆地区学生开展家访，深入了解学生家庭状况与成长背景，促进学校与家庭、辅导员与家长的沟通联系。建立"全天候"学生工作联系机制，把思想政治教育工作做到学生和家长的心坎上，形成学校教育和家庭教育的强大合力，促进民族团结进步创建育人深度发展和落地生根。

四、实现"三个融入"，搭建中华民族共同体意识育人体系

融入学校顶层设计。把铸牢中华民族共同体意识工作作为专项规划，纳入学校"十四五"发展规划体系，并成立专项规划工作组，全面提高专项规划编制的科学性和针对性。把中华民族共同体教育纳入课程教学、第二课堂、科研训练、社会实践等人才培养方案，纳入思想政治教育工作长效机制，将铸牢中华民族共同体意识贯穿教育教学体系。

融入学科专业建设。以马克思主义民族理论与政策二级学科为基础，整合

马克思主义理论、民族学、教育学、政治学、文学、文博学等多学科师资队伍，成立中华民族共同体意识研究院，探索建立中华民族共同体教育本、硕、博人才培养体系。加强民族领域基础理论问题研究，聚焦马克思主义民族理论中国化、中华民族共同体建设的理论和实践、各民族交往交流交融等重大问题，设立专项研究课题，着力推动在回应重要理论问题、资政服务上产出标志性研究成果。

融入人才培养体系。重点建设"'多彩中华'——中华民族共同体意识教育"课程，力争把该课程打造成国家一流课程、全国高校民族团结教育示范"金课"。开发《世界舞台上的中国》《大美中国》《艺术思政》等系列特色品牌课程，聚焦青年思想关切，深入挖掘思想政治教育元素，以学生喜闻乐见的形式，教育引导青年学生自觉把个人理想追求融入中华民族复兴伟业。

团结奋进新征程。中南民族大学将以奋力建设国内一流、人民满意的现代化高水平大学为目标，深刻领悟"两个确立"的决定性意义，增强"四个意识"、坚定"四个自信"、做到"两个维护"，以铸牢中华民族共同体意识、推进中华民族共同体建设的实效，推动新时代党的民族工作高质量发展，为实现中华民族伟大复兴贡献更多力量。

（中南民族大学　邓俊熙　梁潇潇　金星）

有形有感有效铸牢中华民族共同体意识

昌吉学院党委坚持以习近平新时代中国特色社会主义思想为指导，深入学习贯彻党的二十大精神和习近平总书记关于做好新时代党的统一战线工作的重要思想，贯彻落实习近平总书记视察新疆重要讲话重要指示精神，以铸牢中华民族共同体意识为主线，扎实创建铸牢中华民族共同体意识示范校，积极推进新时代高校民族工作高质量发展，凝聚起全面建设新疆一流应用型大学的磅礴力量。

2023年3月，"庭州儿女心向党"剪纸艺术作品展在昌吉学院举办

一、加强价值认同，系好人生第一粒扣子

昌吉学院党委依托统战优势，深入学习领会习近平总书记关于深入做好大学生思政工作的重要论述，教育引导当代大学生胸怀"国之大者"，在新时代新征程新伟业中奋楫笃行、踔厉奋发、建功立业，厚植家国情怀，让铸牢中华民族共同体意识沁润大学生心灵，引导当代大学生为实现中华民族伟大复兴奋勇前行。

强化课堂教学。学校党委坚持教育教学基础地位和人才培养中心地位，扎实推动"思政课程"和"课程思政"改革创新，把铸牢中华民族共同体意识教育融入教书育人全过程。马克思主义学院发挥政治引领作用，同其他专业形成协同联动、共商共建大思政格局，使各类课程同向同行，发挥协同育人作用。实施思政课程质量提升工程和课程思政建设计划，启动思政建设试点工作，组建二级学院层面的思政课程建设团队。

加强科研工作。发挥学校马克思主义学院师资优势，开展铸牢中华民族共同体意识研究，目前已经申报一项国家级课题，发表相关研究论文29篇。在"学习二十大 奋进新征程"为主题的第十九届新疆社会科学界青年学者论坛中，学校论文《铸牢中华民族共同体意识背景下新疆高校图书馆建设与服务创新研究》入选铸牢中华民族共同体意识学术专场。

开展主题教育。常态化开展铸牢中华民族共同体意识主题教育。2022年7月举办"铸牢中华民族共同体意识 共同绘就中华民族伟大复兴壮美画卷"主题团日活动，全校750个团支部、2万余名团员青年参与学习。组织党史学习教育学生宣讲团、学习二十大"朋辈青年宣讲团"，学习习近平总书记在建党一百周年庆祝大会、中国共青团成立100周年庆祝大会、党的二十大发表的重要讲话精神。

组织社会实践。昌吉学院将铸牢中华民族共同体意识融入经常性社会实践活动，把组织开展社会实践活动与组织课堂教学摆在同等重要的位置，以青少年"筑基"工程为抓手来培育学生社会主义核心价值观。2022年寒假，由四百多名学生组成的多个团队深入农村、社区，开展红领巾小课堂、基层走访、网络"云实践"等活动。其中"推普助力乡村振兴"团队被教育部、团中央评为优秀实践团队。

二、增进文化认同，培固中华民族团结的根脉

统一战线工作的本质是大团结大联合，解决的是人心和力量的问题，其思

想基础就是文化认同。文化认同"反映中国人民意愿、适应中国和时代发展进步要求，有着深厚历史渊源和广泛现实基础"。从文化认同的角度加强党的统一战线工作，最广泛地凝聚人心、汇聚力量，在新时代新征程中培铸好中华民族大团结的根和魂。

促进各民族交往交流交融。坚持开展混班教学、混合住宿、混合就餐，积极进行"三进两联一交友""民族团结一家亲"等活动，开展多层次多领域形式多样的民族团结联谊活动，促进各族师生共学共进。在"三进两联一交友"活动中，学校处级以上领导干部、教职工倾情联系各族学生，联系班级，联系宿舍，帮助解决学生的实际困难。增进各族师生之间相互了解、相互学习、相互帮助。全校混宿比例和全校学生混班率均达100%，为各族学生交往交流交融营造良好学习生活环境。

将铸牢中华民族共同体意识融入校园文化建设。制订"中华传统文化进校园"系列活动实施方案，抓好"八个一"系列活动。学校开展"民族团结杯"足球赛、"力行杯"篮球赛、"求实杯"辩论赛、"声动青春，共语百年"配音大赛等系列校园文化活动共计15场，覆盖全校3万余名团员青年。在学校校园、图书馆、广场、教室、宿舍等场所，大力弘扬中华优秀传统文化，展示民族团结典型案例，深入推进"民族团结一家亲"等活动，积极营造弘扬民族团结进步正能量的氛围。

讲好民族团结故事。2022年，昌吉学院党委组织"深入学习党的二十大，讲好民族团结故事"征文、书法、美术、剪纸作品展，作品展紧扣"铸牢中华民族共同体意识"主线，共展出书法、美术、剪纸等各类优秀作品1000多件。通过征文、书法、美术、剪纸等形式，将深化民族团结进步与红色基因传承、中华优秀传统文化有机融合，增进各民族在理想、信念、情感、文化上的团结统一，积极推进中华民族共有精神家园建设。

三、推进语言相通，促进民心相通、相印

铸牢中华民族共同体意识的前置条件就是各民族可以毫无障碍地互动交流。只有语言文字相通，各民族才能有效互传信息，传播思想，也才能不断促进民心相通、相印。昌吉学院党委把国家通用语言文字推广作为重点工作来抓，明确了"课内教学抓普及、兴趣活动挖潜能、社团活动求提高、汇报评价促发展"的教育思路，构建了中华优秀传统文化和国家通用语言文字推广进课堂、进宿舍、进社团、进网络的全覆盖格局。

建立语文课程教学机制。制定《昌吉学院关于进一步巩固提升国家通用语

言文字教育教学质量的实施方案》，召开巩固提升国家通用语言文字教育教学质量的工作推进会，设立国家通用语言教育学院，统一管理语文课程建设、教学研究、师资建设，探索分级教学模式，推进教学教研一体化，使国家通用语言文字教育教学贯穿学生培养全过程，提高教学质量。

充分发挥学校作为教育部"国家语言文字推广基地"的优势和作用。在少数民族学生国家通用语言文字水平逐年提升的基础上，定期开展教研活动，鼓励及时申报相关教科研项目，以科研促进国家通用语言文字教育教学工作。学校申报的"新文科背景下中华优秀传统文化在国家通用语言文字教学中传播的路径、模式、机制研究"获教育部首批新文科研究与改革实践项目立项。

开展主题竞赛活动。结合学生实际和专业特色，常态化经常性组织演讲比赛、汉字书写大赛、诗文朗读大赛、软硬笔书法大赛等丰富多彩的学生竞赛活动，由点到面，全面铺开，围绕学生感兴趣的活动方式将讲普通话、写规范字融入学生活动之中，寓教于乐，提高学生学习国家通用语言文字的积极性和主动性，增进对中华优秀传统文化的认同。

加强结对帮扶。全校处级以上领导干部结对帮扶汉语水平较差的学生，利用工作之余，通过电话、微信、现场走访、面对面谈话等线上线下相结合的方式联系结对学生，传递关怀与温暖，帮助学生学习国家通用语言文字、补习功课，有效提高学生思想政治素质和国家通用语言文字学用水平。

助力乡村振兴。通过国培、区培项目，培训来自新疆准东经济技术开发区、阿勒泰地区、南疆六个县市的中小学及幼儿园教师、基层干部、青壮年劳动力9778人。采用"语言培训+专业技能培训+通识教育培训"的三结合模式，提高2000多名南疆转移就业劳动力职业能力。驻村工作队通过"村民夜校"，提高青壮年农牧民语言能力。

在全面建设社会主义现代化国家新征程中，昌吉学院党委将进一步提高政治站位，强化阵地意识，深刻把握习近平总书记关于统战工作的重要讲话精神，全面贯彻落实《中国共产党统一战线工作条例》，团结带领包括党外知识分子在内的全校教师员工进一步凝聚共识、汇聚才智，为把学校建成新疆一流应用型大学，谱写中华民族伟大复兴中国梦的新疆篇章做出新贡献。

（昌吉学院　罗旭）